Ramen

Japanisch
Praktisch
lecker

LEMPERTZ

IMPRESSUM

Math. Lempertz GmbH
Hauptstraße 354
53639 Königswinter
Tel.: 02223 / 90 00 36
Fax: 02223 / 90 00 38
info@edition-lempertz.de
www.edition-lempertz.de

LIKE US ON facebook www.facebook.com/MIXtippRezepte

Lektorat: Annemarie Ulrich
Layout/Satz: Kerstin Pfeiffer
Produktion: Print Consult GmbH München
Printed and bound in Slovakia
ISBN: 978-3-96058-450-6
Umschlag:
© Adobe Stock: lesterman, Travel mania
© Volker Debus, München, debusfoto.de
Fotos:
© Volker Debus, München, debusfoto.de
© Adobe Stock: DESIGN BOX, samorodinov, chanchai, Grispb, yoko_ken_chan, enterphoto, Sean K, GoSlow, Blue Planet Studio, irinagrigorii, laplateresca, 5ph, DragonImages, jedi-master, Africa Studio, Satoshi Kina, I-Wei Huang, Ildi, Elena Schweitzer, oliverzs, bioraven, FomaA, Grind, tpnotes, oilslo, VICUSCHKA, valentinamaslova, chromebee.com, ahirao, Asya, OlesyaSH, boommaval, Nataliya Hora, carlusgg, f11photo, Peera, Delphotostock, Microstocker, tawatchai1990, anaumenko, Curioso.Photography, Tupungato, saharosa

FSC www.fsc.org MIX Papier | Fördert gute Waldnutzung FSC® C084279

Ramen

Japanisch
Praktisch
Lecker

LEMPERTZ

Inhalt

Einführung

Ramen-Nudeln, selbst gemacht

Brühen, selbst gemacht

Toppings

Ramen mit Hühnerbrühe

Shoyu-Ramen

Ramen mit Tonkotsu-Brühe oder Rinderbrühe

Vegetarische Ramen

Ramen-Nudeln, mal anders

Einführung

Ramen und Sushi sind wohl weltweit als die symbolträchtigsten japanischen Gerichte bekannt. Wer bei Ramen gleich an Instant-Ramen denken muss, der hat noch nicht die volle Aromenvielfalt frisch hergestellter Ramen kennengelernt. Selbst gemachte Ramen zeichnen sich durch langsam eingekochte Brühen, handgemachte Nudeln und Toppings unterschiedlicher Art – wie in Soja eingelegte, weichgekochte Eier (Nitamago-Eier) – aus. Jede Region in Japan hat ihre ganz eigene Variation dieser schmackhaften Suppe – darunter Ramen mit Schweinefleisch und Shoyu (japanische Sojasauce) nach Tokioter Art oder Miso-Ramen aus Sapporo. Von Japan aus haben sie die ganze Welt im Sturm erobert und sind zum neuen Lieblingsgericht von Feinschmeckern geworden. Da mag es überraschen, dass Ramen traditionell gar nicht japanisch, sondern chinesisch sind, obwohl sie in der Sozialgeschichte Japans um 1900 eine wichtige Rolle spielten.

Eine kurze Geschichte der Ramen

Bevor Ramen tatsächlich „Ramen" genannt wurden, trugen sie den Namen „Shina Soba", was wörtlich übersetzt „chinesische Nudeln" bedeutet. Später wurde der Name „Chuka soba" wegen der Kontroversen um das Wort „Shina" verwendet, da der Begriff während der Zeit, als Japan eine imperialistische Macht in Asien wurde, als rassistische Verunglimpfung gegenüber China galt. Sogar das japanische Wort „Ramen" stammt aus der Kombination zweier chinesischer Wörter: „la"=„ziehen" und „mian"=„Nudel", was zusammen „gezogene Nudeln" bedeutet. Es besteht kein Zweifel daran, dass die Chinesen die ersten Formen von Ramen nach Japan brachten, aber wie sie dorthin kamen, ist eine viel kompliziertere Geschichte.

Es gibt drei Theorien über den Weg der Ramen von China nach Japan. Die erste Theorie ist eine Geschichte aus den 1660er-Jahren, die von einem japanischen Feudalherrn namens Tokugawa Mitsukuni handelt. Es gibt eine historische Aufzeichnung, die besagt, dass ein chinesischer Flüchtling ihm beibrachte, wie er seine Nudelsuppe besser würzen konnte, indem er ihm riet, Knoblauch, Frühlingszwiebeln und Ingwer hinzuzufügen. Es ist sehr ungewiss, ob sich dieses abgewandelte Nudelsuppengericht allmählich zu den Ramen entwickelte, wie sie heute bekannt und beliebt sind; es gibt jedoch keine anderen direkten historischen Verbindungen.

Die zweite Theorie besagt, dass Ramen über den Seeweg eingeführt wurden, als Japan Ende des 19. Jahrhunderts begann, den Zugang aus verschiedenen Ländern zu ermöglichen. Über Hafenstädte wie Yokohama und Kobe brachten chinesische Reisende „la-mien" mit, eine Art Nudelsuppe, die in einer leichten Hühnerbrühe serviert wurde und die die Japaner dann „Nankin soba" (oder Nanjing-Nudeln) nannten, nach Chinas Hauptstadt. Ähnlich wie bei der ersten Theorie gibt es aber viele Unterschiede zwischen diesen „Ramen" und den Ramen, die wir heute kennen. Aber die Straßenverkäufer, die in den 1920er-Jahren in Tokio Nudelsuppe verkauften, verdanken ihren Ursprung dieser Nudelsuppe.

Die dritte und letzte Geschichte besagt, dass die Erfindung der Ramen einem einzigen Mann, Ozaki Kenichi, zu verdanken ist. Im Jahr 1910 eröffnete er das Geschäft „Rai-Rai Ken" und servierte dort die ersten Ramen nach Tokioter Art, wie wir sie heute kennen. Im Gegensatz zu den einfachen „Ramen" des 19. Jahrhunderts enthielten seine Ramen gebratenes Schweinefleisch, Fischfrikadellen, gekochten Spinat und Nori (eine Art Seetang).

Unabhängig davon, wie die Ramen nach Japan gekommen sind, kamen sie zur richtigen Zeit. Mit der zunehmenden Industrialisierung und Verstädterung Japans entsprachen Ramen den Bedürfnissen der Menschen, die aus den ländlichen Gebieten in die Städte zogen, um dort zu arbeiten. Die Köche bereiteten das Gericht in großen Mengen zu, so dass diese Nudelsuppen eine große Anzahl von Menschen gleichzeitig satt machen konnten. Sie waren schnell zubereitet, schnell zu essen und füllten den Magen – ideal für die vielbeschäftigten japanischen Arbeiter in den 1920er- und 1930er-Jahren.

Der Zweite Weltkrieg brach 1941 über Japan herein, und als er 1945 zu Ende war, herrschte eine landesweite Lebensmittelknappheit im Land. Die Hungersnot in dieser Zeit war schrecklich, und die Jahre zwischen 1944 und 1947 waren die schlimmsten in der jüngeren japanischen Geschichte. Die Japaner ernährten sich von Insekten wie Käfern und Larven, weil sie sie mit Eiweiß versorgten und sie aßen jedes Stück des japanischen Kürbisses, sogar die Schale und die Kerne. Reis war nur noch schwer zu produzieren. Aus diesem Grund war die japanische Bevölkerung auf Weizen angewiesen, der aus den USA importiert wurde, und so wurden weizenbasierte Lebensmittel wie Knödel, Pfannkuchen, Brot und verschiedene Nudelgerichte (einschließlich Ramen) immer beliebter. Diese Nahrungsmittel ernährten Japan in einer Zeit großen Hungers und großer Verzweiflung und wurden schließlich zu den Grundnahrungsmitteln der nächsten Generation.

Von 1955 bis 1977 erlebte Japan einen wirtschaftlichen Aufschwung und damit auch die Ramen. Was früher billige Nudelsuppen waren, die in Schubkarren in den Straßen Tokios verkauft wurden, wurde allmählich zu einem teuren Gericht, das von Hand zubereitet und in Restaurants serviert wurde. Kazuo Yamagishi, der die „tsukemen" (kalte Nudeln zum Eintauchen) erfand, Momofuku Ando, der die Instant-Ramen erfand, und Takumi Yamada, der das erste „Ramen Jiro" in Tokio eröffnete, das sich schließlich zu einer Kette mit über 30 Filialen ausweitete, sind nur einige erfolgreiche Beispiele für das wachsende Geschäft mit Ramen.

In den 1980er-Jahren waren Ramen nicht mehr nur das Essen, das hart arbeitende Arbeiter im Industriezeitalter ernährte, sondern wurden zu einer nationalen Leidenschaft. Ramen-Köche wurden als Berühmtheiten angesehen. Es gab sogar Filme und Fernsehsendungen, in denen Ramen eine Rolle spielten. Ramen wurden zu mehr als nur einer Mahlzeit, die man kocht – sie wurden zu einem Handwerk. In den späten 1990er- und 2000er-Jahren begannen die Ramen-Köche, „Samue" zu tragen, eine japanische buddhistische Arbeitskleidung, die üblicherweise von Praktizierenden traditioneller Künste getragen wird und lila oder schwarz gefärbt ist.

Heute sind Ramen-Läden nicht nur in Japan, sondern in der ganzen Welt für ihre heiße, herzhafte Brühe und ihre Beilagen bekannt. Obwohl Ramen chinesische Wurzeln haben, findet man in China kein vergleichbares Gericht. Japan hat sich diese Nudelsuppe definitiv zu eigen gemacht und sie in die schmackhafte und köstliche Nudelsuppe verwandelt, die wir heute kennen.

Ramen-Zutaten

Eine Voraussetzung für die Kreation von Ramen-Schüsseln ist die Kenntnis der Grundlagen. Ramen sind für ihre zahlreichen Variationen und Spezialitäten bekannt. Verschiedene Regionen Japans servieren ihre eigene Art. Die Ramen-Restaurants, die in den Städten der ganzen Welt eröffnet wurden, haben ebenfalls ihre eigenen Rezepte entwickelt. Auch wenn es so viele Möglichkeiten gibt, eine Ramen-Schüssel nach eigenem Geschmack zu gestalten, gibt es doch ein paar Grundbestandteile, die man normalerweise in einer Schüssel Ramen findet: Brühe, Nudeln, Beilagen und Gewürze. Hier ist ein Überblick über diese Grundbestandteile:

Brühe

Für die vier gängigsten Brühen werden Bestandteile von Schwein, Huhn oder Rind oder Gemüse verwendet. Fleisch und Knochen oder Gemüse werden mit Wasser über einige Stunden eingekocht, damit die besten Bestandteile aus den verwendeten Zutaten in die Brühe gelangen. Gewürzt wird die Grundbrühe erst später.

Würzen

Abgesehen von der Brühe selbst verleiht die Würze dem Gericht zusätzlichen Geschmack. Die Gewürze sind ebenso wichtig wie die Brühe, da sie den Ramen eine besondere Note verleihen. Manche betrachten diese vier Gewürze sogar als die vier „Grundtypen" von Ramen. Ramen-Köche bevorzugen zwar bestimmte Gewürze zu bestimmten Brühen, aber je nach Geschmack können sie auch ausgetauscht werden. Es gibt vier Grundtypen von Ramen-Gewürzen:

Salz oder „Shio"

Shio bedeutet auf Japanisch Salz. Für eine Shio-Brühe wird dementsprechend vor allem Salz als Würzmittel eingesetzt. Es ist die älteste japanische Ramen-Variante. Die Basis für eine Shio-Brühe ist eine leichte Hühner- oder Gemüsebrühe. Diese Brühe wird dann mit einer Shio-Gewürzpaste, basierend auf Salz, verfeinert und so entstehen die Shio-Ramen.

Sojasauce oder „Shoyu"
Shoyu-Ramen basieren auf einer Brühe, die mit japanischer Sojasauce „Shoyu“ gewürzt wird. Die Shoyu-Brühe ist bräunlich und rund um Tokio sehr beliebt.

Fermentierte Sojabohnen oder „Miso"
Miso ist das jüngste der Ramen-Gewürze und wird am häufigsten für die reichhaltige Brühe verwendet. Obwohl Miso das neueste unter den Gewürzen ist, erfreut es sich inzwischen so großer Beliebtheit, dass es den ersten Platz unter den Würzmöglichkeiten einnimmt. Alle Arten von Brühe, ob Hühner-, Gemüse- oder Tonkotsu-Brühe können mit Miso oder einer Miso-Gewürzpaste verfeinert werden.

„Tonkotsu"
Obwohl es sich hierbei um eine Brühe und nicht um ein Gewürz handelt, wird es von vielen als ein bestimmendes Element einer Ramen-Suppe angesehen, wie die ersten drei Gewürze in unserer Liste. Durch das Auskochen von Schweinefüßen erhält diese Brühe eine trübe, milchige Färbung und ist sehr kräftig im Geschmack. Da Schweinefüße nicht so einfach erhältlich sind, zeigt dieses Buch eine Variante mit Eisbein. Diese steht dem Original in nichts nach.

Nudeln

Die für Ramen verwendeten Nudeln werden aus Weizenmehl, Salz, Wasser und einer Art alkalischem Wasser namens „Kansui" hergestellt. In Japan gibt es zahlreiche Nudelsorten wie „Soba", Somen" und „Udon", um nur einige zu nennen. Es gibt gerade, dünne, schmale, dicke, gewellte, breite und flache Nudeln. Sie können in einer Kombination aus verschiedenen Längen jeder Qualität verwendet werden. Trotz dieser Vielfalt lassen sich die für Ramen verwendeten Nudeln in drei Typen unterteilen:

Frische Ramen-Nudeln
Teure Ramen-Restaurants bevorzugen frische Ramen-Nudeln. Obwohl die Nudel mit jeder Art von Brühe oder Gewürz kombiniert werden kann, haben Ramen-Köche ihre eigenen Vorlieben.

Getrocknete Ramen-Nudeln
Diese Art von Nudeln werden von Hausfrauen und -männern bevorzugt und können in der Regel in Asia-Läden oder gut sortierten Supermärkten gekauft werden.

Instant-Nudeln
Wir alle kennen diese Nudel-Art: Sie wird mit Gewürzpaketen in einem kleinen Styroporbecher geliefert. Aufgrund des Trocknungsprozesses, bei dem die teilweise gekochten Nudeln frittiert werden, sind die Instant-Nudeln etwas dicker als die anderen Varianten. Manche Köche verwenden die Nudeln aus Instant-Ramen-Packungen und ersetzen die Gewürzpakete durch ihre eigene Rezeptur, weil es so bequem ist.

Toppings

Jedes Element der Ramen-Schüssel ist wichtig. Jedes Teil macht das Gericht einzigartig – sei es die Brühe, die Gewürze oder die Nudeln. Und hinzu kommen noch die Toppings. Sie verleihen dem Gericht eine andere Art von Geschmack und auch etwas mehr Textur. Es gibt eine Reihe von Toppings zur Auswahl, und je nach Geschmack kann man die Ramen mit jeder Art von Topping versehen. Man kann auch mit anderen Beilagen experimentieren, aber hier sind einige der beliebtesten Toppings:

Fleisch & Meeresfrüchte

Chashu, gerollter Schweinebauch

Ein sehr klassisches und beliebtes Topping für Ramen. Hierbei wird Schweinebauch zu einem Braten aufgerollt und dann in einem Sud aus Sojasauce, Mirin, Zucker, Ingwer und Knoblauch 4 Stunden geschmort. Am besten ruht das geschmorte Fleisch dann noch über Nacht im Kühlschrank. Für die Ramen schneidet man sich dann die benötigte Menge in Scheiben vom Braten ab.

Hähnchenfleisch

Hähnchenfilet kann kross angebraten, mariniert oder paniert in Scheiben auf die Ramen-Suppe gegeben werden. Auch Bällchen aus Geflügelhackfleisch werden gerne als Topping verwendet.

Rindfleisch

Rindfleisch wird gerne in hauchdünnen Scheiben mit in die heiße Brühe gegeben. Das Fleisch gart in der Brühe und muss dann nicht vorher angebraten werden. Aber auch Rindersteaks, scharf angebraten und in Scheiben geschnitten, werden gerne als Topping verwendet.

Meeresfrüchte

Die Meeresfrüchte, die am häufigsten mit Ramen kombiniert werden, sind Garnelen und Krabben. Sie werden zubereitet, indem sie kurz gekocht werden, bevor sie in die Schüssel gegeben werden.

Eier

Gekochte Eier

Hierbei handelt es sich um das typische hartgekochte Ei, das etwa 10 bis 12 Minuten in kochendem Wasser gekocht wird. Die meisten Ramen enthalten jedoch das, was die Japaner „hanjuku" nennen, ein weich gekochtes Ei. Es wird kürzer gekocht, in der Regel 7 Minuten, so dass das Eiweiß fest ist, das Eigelb aber noch etwas weich ist.

Marinierte gekochte Eier

Dies sind salzig-süße hart- oder weichgekochte Eier, die mehrere Stunden in einer Mischung aus Sojasauce und Reiswein eingelegt wurden.

Tamagoyaki

Tamagoyaki ist ein japanisches Omelett. Das Ei wird mit Mirin und Sojasauce vermischt, dadurch bekommt es eine salzig-süße Note. Das verquirlte Ei wird in einer Pfanne hauchdünn nur leicht zum Stocken gebracht und dann Schicht für Schicht aufgerollt. Am Ende ist es außen knusprig, innen aber noch weich. Die Rolle wird in Scheiben geschnitten, die dann als Topping dienen.

Eingemachte Gemüsesorten und Algen

Bambussprossen

Es gibt sie in unseren Breitengraden als eingelegte, vorgekochte Variante in Gläsern oder Dosen zu kaufen (sie dürfen nur gekocht verarbeitet werden, da sie roh Blausäureglykosid enthalten). Bambussprossen erinnern von der Konsistenz her an Spargel und können auch in ähnlicher Weise geerntet und zubereitet werden. Als Topping werden sie gerne noch in Sojasauce und Mirin eingelegt und erhalten dadurch eine bräunliche Färbung. Dieses Topping heißt Menma. Die Bambussprossen im Glas bekommt man in Supermärkten oder in Asia-Märkten.

Ingwer

Ingwer wird nicht nur gerne frisch in Ramen verwendet, sondern auch eingelegt. Ein beliebtes Topping ist Beni-Shoga. Übersetzt bedeutet dies „roter Ingwer". Man kann den roten Ingwer entweder fertig eingelegt im Asia-Laden erhalten oder selber machen. Dafür wird frischer Ingwer in dünne Stäbchen oder Scheiben geschnitten und in Pflaumenessig eingelegt, daher kommt die Farbe.

Aonori

Aonori, auf Japanisch wörtlich „Grüner Seetang", sind pulverisierte und getrocknete Nori-Algen. Aonori sind reich an Mineralien, Vitaminen und Aminosäuren. Die getrockneten Nori-Algen sind von dunkelgrüner Farbe und schmecken intensiv nach Meer. Aonori werden zerkleinert oder in Pulverform verkauft. Sie sind in Asia-Märkten erhältlich.

Nori-Blätter

Nori-Blätter sind essbare Algen, die man vor allem als die dunkelgrüne Umwicklung von Sushi kennt. Man kann sie als quadratische, dunkelgrüne Blätter kaufen. Sie sind erhältlich in Asia-Märkten, aber auch in gut sortierten Supermärkten. Als Topping für Ramen kann man sie in kleine Stücke brechen und über der Suppe verteilen oder als größeres Stück an die Seite legen.

Kombu

Kombu wird auch Kelp genannt und ist eine Braunalge von dunkelbrauner bis dunkelgrüner Farbe. Die Alge wächst weltweit in klaren und kalten Gewässern und hat je nach Herkunft einen süßlicheren, milderen oder auch kräftigeren Eigengeschmack. Kombu ist von der Konsistenz her weich und zäh. Zum Verzehr werden die Blätter der Braunalge zunächst eingeweicht und danach mit klarem Wasser abgespült. Kombu wirkt wie ein natürlicher Geschmacksverstärker. Erhältlich ist Kombu in Asia-Märkten, ausgewählten Supermärkten und Bioläden sowie im Internet.

Würzmittel und Gewürze

Bonitoflocken

Bonitoflocken – in Japan als „Katsuobushi" bekannt – sind feine Fischflocken vom Bonito, einem Fisch, der dem Thunfisch ähnelt. Bonitoflocken sind getrocknet und geräuchert ein wesentlicher Bestandteil der japanischen Küche, insbesondere des Suppengrundstocks Dashi. Dafür kocht man sie in heißem Wasser und siebt sie ab. Sie können aber auch zum Würzen von gekochtem Reis, Soba-Nudeln oder Tofu verwendet werden. Bonitoflocken sind in Asia-Märkten, ausgewählten Supermärkten oder im Internet erhältlich.

Dashi-Pulver

Hierbei handelt es sich um ein Brühpulver für Dashi-Brühe, die unter anderem eine der Grundzutaten für japanische Ramensuppen ist. Dashi-Brühe ist ein Fischsud, hergestellt aus Bonitoflocken (Katsuobushi) und braunem Seetang und hat in der japanischen Küche eine ähnliche Funktion wie in Europa die Fleisch- oder Gemüsebrühe. Dashi-Pulver ist erhältlich in Asia-Märkten, in ausgewählten Supermärkten oder im Internet.

Fischsauce

Sie wird oft auch als das Salz Asiens bezeichnet. Fischsauce besteht traditionell aus einem Extrakt aus Sardellen oder anderen kleinen Fischen, die zusammen mit Meersalz fermentiert wurden. Daraus entsteht eine bräunlich-klare, sehr intensiv riechende Sauce. Fischsauce ist in Asia-Märkten, ausgewählten Supermärkten und im Internet erhältlich.

Furikake

Hierbei handelt es sich um unterschiedliche Gewürzmischungen, die auf den gekochten Reis gestreut werden. Furikake gibt es in verschiedenen Geschmacksrichtungen und sie bestehen hauptsächlich aus Gewürzen und Kernen. Es gibt Furikake-Varianten mit Fleisch, Fisch oder Ei ebenso wie Varianten auf rein pflanzlicher Basis. Die japanischen Gewürzmischungen gibt es in Pulver- oder Flockenform und – je nach Inhaltsstoffen – in unterschiedlichen bunten Farben. Erhältlich sind Furikake in Asia-Märkten oder im Internet.

Gochujang

Dies ist eine scharfe, fermentierte koreanische Gewürzpaste, die aus rotem Chilipulver, gemahlenem Klebreis, gemahlenen fermentierten Sojabohnen, Meersalz, Gerstenmalzpulver und Reissirup hergestellt wird. Neben Sojasauce und Doenjang (einer fermentierten Sojabohnenpaste) ist Gochujang eine der wichtigsten Zutaten der koreanischen Küche. Erhältlich ist die Gewürzpaste in Asia-Märkten oder im Internet.

Japanisches Chilipulver

Shichimi-Togarashi bedeutet auf Japanisch „Sieben-Gewürz-Chilipfeffer" und ist eine Gewürzmischung aus 7 Zutaten, die in Japan auch als Universalgewürz verwendet wird. Die Hauptzutat sind grob gemahlene rote Chilischoten, hinzu kommen Mandarinenschale, Sesam-, Mohn- und Hanfsamen, Nori oder Aonori (Algen) und gemahlener Sansho (ähnlich dem Szechuanpfeffer). Erhältlich ist die japanische Gewürzmischung in Asia-Märkten, ausgewählten Supermärkten und im Internet.

Mirin
Mirin ist ein süßer japanischer Reiswein, der ausschließlich zum Kochen verwendet wird – das unterscheidet ihn von Sake. Mirin besteht aus Reis, Reishefe und Wasser und hat mit etwa 14 Vol. % einen geringeren Alkoholgehalt als Sake. Erhältlich ist Mirin in Asia-Märkten, ausgewählten Supermärkten oder im Internet.

Miso-Paste
Miso-Paste bedeutet „Quelle des Geschmacks" und wird aus der fermentierten gelben Sojabohne japanischer Herkunft hergestellt. In Japan wird der Geschmack der Miso-Paste als „umami" bezeichnet, das bedeutet herzhaft, würzig, salzig und fleischähnlich zugleich. Bei der Fermentation – einem enzymatischen Prozess durch Bakterien – wird aus den Sojabohnen die bekannte würzige Paste. Die Miso-Paste ist dickflüssig und wird zum Würzen von Suppen, Saucen, Risottos und Getreide verwendet. Miso ist reich an Mineralien, Proteinen, Vitaminen und Enzymen. Die Paste enthält außerdem Bakterien, die die Darmflora begünstigen und so die Verdauung unterstützen. Erhältlich ist die Miso-Paste in Asia-Märkten, ausgewählten Supermärkten und Bioläden sowie im Internet.

Niboshi
Hierbei handelt es sich um japanische Mini-Sardinen, die getrocknet verwendet werden. In vielen asiatischen Küchen dienen sie als Basis von Suppenbrühen, als Gewürz oder einfach als kleiner Snack. Niboshi werden bei der Verwendung in regionalen Gerichten zunächst eingeweicht, bevor sie je nach Rezept gekocht, gedämpft, frittiert oder gegrillt werden. Niboshi sind erhältlich in Asia-Märkten, ausgewählten Supermärkten und im Internet.

Sake
Sake ist ein japanischer Reiswein, der etwa 15–20 Vol. % Alkohol enthält und, je nach Destillierungsgrad, wässrig-klar oder weißlich-trüb ist. Sake wird sowohl kalt als auch heiß als Aperitif gereicht und ist zudem Bestandteil von Saucen und Marinaden der traditionell-japanischen Küche. Erhältlich ist Sake in Asia-Märkten, ausgewählten Supermärkten und im Internet.

S&B Golden Curry-Würfel
Hierbei handelt es sich um eine japanische Curry-Gewürzmischung, erhältlich in Asia-Märkten oder im Internet.

Schwarzer Knoblauch
Schwarzer Knoblauch ist fermentierter weißer Knoblauch. Schwarzer Knoblauch ist in Asien wie anderes fermentiertes Gemüse seit jeher Teil der Alltagsküche. Bei der Fermentation, die bis zu 90 Tage dauert, werden die ganzen Knoblauchknollen bei einer Luftfeuchtigkeit von etwa 80 % und einer Temperatur von 70°C fermentiert. Der im Knoblauch enthaltene Zucker und die Aminosäuren werden dabei zu sogenannten Melanoidinen umgewandelt. Diese Bräunungsstoffe verleihen dem „Black Garlic" seine schwarze Farbe und ebenso seinen milden und süßlichen Geschmack. Erhältlich ist der schwarze Knoblauch in Feinkostläden, Asia-Märkten, ausgewählten Supermärkten und im Internet.

Seetanggranulat
Seetanggranulat ist ein im Handel unter dem englischen Namen „Kelp Granules“ erhältliches natriumarmes Granulat aus Seetang. Kelp-Algen finden sich ausschließlich in Salzwasser. Seetanggranulat ist reich an Nährstoffen für den Menschen und daher sehr gesund. Es enthält Kalium, Magnesium, Mineralsalze, Eisen, Jod, Vitamin B6, Riboflavin und Ballaststoffe. Außerdem ist der Seetang durch seine Glutaminsäure ein natürlicher Geschmacksverstärker. Seetanggranulat passt unter anderem hervorragend zu Suppen, Salaten, Dressings und Saucen. Erhältlich ist das Seetanggranulat in Asia-Märkten oder im Internet.

Sojasauce
Sojasauce wird traditionell aus gemahlenen Sojabohnen oder einer Mischung aus Soja und Weizen hergestellt. Die Masse wird mithilfe von Bakterienkulturen zu Koji, einer Art Maische vergoren, anschließend werden Meersalz und Wasser hinzugefügt. Dieser Brei wird dann in speziellen Behältern, meist Zedernholzfässern, fermentiert. Der Prozess dauert zwei bis drei Jahre, je nach Sorte sogar noch länger. Dabei wird das Getreide-Eiweiß in Aminosäuren umgewandelt. Die Sojasauce erhält auf diese Weise ihren typischen Geschmack, ihre Farbe und ihr Aroma.

Sriracha-Sauce
Sriracha-Sauce ist eine nach der Küstenstadt Si Racha oder auch Sri Racha in Thailand benannte scharfe Chilisauce. Sie besteht aus Chilischoten, Essig, Knoblauch, Zucker und Speisesalz und schmeckt scharf, süß und würzig. Sriracha-Sauce ist in mehreren Geschmacksrichtungen und Schärfegraden erhältlich, zum Beispiel in Asia-Märkten oder in ausgewählten Supermärkten.

Yakisoba-Sauce
Dies ist eine dunkle Sauce, die in Japan für die Zubereitung von Yakisoba-Nudeln verwendet wird. Sie kann jedoch auch als Marinade und als Dip dienen. Yakisoba-Sauce besteht hauptsächlich aus Worcestershire-Sauce (auf der Basis von Anchovis), Austernsauce, Tomaten-, Sojasauce und Zucker. Sie ist in Asia-Märkten oder ausgewählten Supermärkten erhältlich.

Weitere Toppings und spezielle asiatische Zutaten

Akazienfaser
Akazienfasern werden aus dem getrockneten milchigen Baumsaft der Akazie hergestellt. Akazienfasern sind geschmacksneutral und werden in der Lebensmittelindustrie als Füll- und Bindestoff, sowie in Getränken oder Lebensmitteln als Ballaststoff eingesetzt. In der pflanzenbasierten Ernährung können Akazienfasern als Ersatzstoff zu tierischen Bindemitteln genutzt werden. Die natürliche Nahrungsergänzung enthält über 80 % Ballaststoffe, die regulierend auf den Körper wirken. Ballaststoffe unterstützen den Darm und stärken das Immunsystem. Akazienfasern sind u. a. erhältlich in Reformhäusern, Asia-Märkten sowie im Internet.

Choi Sum
Choi Sum ist auch als chinesischer Blütenkohl bekannt und gehört zur Gattung der Senfpflanzen (Brassica). Die Gemüsepflanze hat ihren Ursprung in China, dort wird sie Choi Sum genannt. Charakteristisch für Choi Sum sind glatte grüne Blätter und hellgrüne dicke Stängel. Den Namen „chinesischer Blütenkohl“ verdankt der Choi Sum den kleinen gelben Blüten oben an den inneren Trieben. Auch Brokkoli, Chinakohl, Blumenkohl, Raps und Rübstiel gehören zur Pflanzenfamilie der Brassica. Choi Sum ist in Asia-Märkten, bei ausgewählten Gemüsehändlern und Supermärkten oder im Internet erhältlich.

Daikon-Rettich
Daikon-Rettich, auch „Chinesischer Rettich“, „Japanischer Rettich“ oder „Winterrettich“ genannt, ist in der japanischen Küche unentbehrlich. Er schmeckt deutlich milder als der Rettich in Deutschland. Man kann ihn roh, eingemacht, eingelegt, getrocknet oder gekocht verwenden. In Japan wird der Daikon häufig als Einlage oder Topping von Suppen eingesetzt oder auch als Beilage zu Tempura. Der Daikon-Rettich ist erhältlich in Asia-Märkten und bei ausgewählten Gemüsehändlern oder Supermärkten.

Enoki-Pilze
Der Enoki-Pilz wird auch Samtfußrübling oder Winterpilz genannt. In Asien ist dieser helle Speisepilz mit kleinem Kopf und langem Stiel seit sehr langer Zeit beliebt, mittlerweile ist er auch in Europa erhältlich. Enoki-Pilze schmecken süßlich-mild bis leicht nussig. Sie sind nach kurzer Zeit gar, schmecken auch roh im Salat und werden gerne als Garnitur oder Beilage verwendet. Man kann sie überwiegend in Asia-Märkten kaufen.

Guarkernmehl
Guarkernmehl wird aus der Guarpflanze gewonnen, die hauptsächlich in Indien und Pakistan angebaut wird. Die Guarbohnen werden zu Mehl verarbeitet und von der Lebensmittelindustrie in zahlreichen Produkten als neutrales Bindemittel verwendet. Guarkernmehl enthält quellfähige, lösliche Ballaststoffe und wird auch im Gesundheitsbereich zur Unterstützung des Verdauungssystems gerne eingesetzt. Erhältlich ist Guarkernmehl in Asia-Märkten, ausgewählten Supermärkten und Bioläden sowie im Internet.

Kansui-Wasser
Kansui-Wasser, Japanisch für „Salzwasser“, ist ein kalium- und carbonathaltiges Wasser-Gemisch und wird auch als Laugenwasser oder alkalisches Salz bezeichnet. Im Handel trägt Kansui-Wasser auch die Bezeichnung „Lye Water“. Es reguliert den Säuregehalt bei der Nudelteigherstellung und wird vor allem für die Herstellung von Ramen und chinesischen Eiernudeln verwendet. Kansui-Wasser ist essentiell für den besonderen Geschmack und die Konsistenz der Nudeln und verleiht ihnen ihre gelbe Farbe. Man benötigt zum Kochen nur sehr geringe Mengen. Vorsicht: Unverdünnt darf Kansui-Wasser nicht dem Körper zugeführt werden, da es in Reinform gesundheitsschädlich ist. Erhältlich ist Kansui-Wasser in Asia-Märkten und im Internet.

Kochbananen
Kochbananen sind auch unter dem Namen Mehlbananen oder Gemüsebananen bekannt. Sie sind etwas größer und dicker als die bei uns geläufigen Obstbananen. Obst- und Gemüsebananen haben geschmacklich wenig gemeinsam. Kochbananen haben eine mehlige Konsistenz und sind im Geschmack eher neutral, daher werden sie auch mit Kartoffeln verglichen. Je nach Reifegrad werden Kochbananen in unterschiedlichen Gerichten eingesetzt: Im grün-gelben Zustand verwendet man sie zum Beispiel in Suppen oder als Püree. Die sehr reifen schwarzen Kochbananen haben einen süßen Geschmack und eignen sich daher gut für Desserts und Süßspeisen. Erhältlich sind Kochbananen in Asia-Märkten, bei ausgewählten Gemüsehändlern und Supermärkten oder im Internet.

Kokosnusscreme
Kokosnusscreme wird aus Kokosnussfleisch hergestellt, das getrocknet und anschließend zu einer feinen Creme vermahlen wurde. Kokosnusscreme verfeinert das Aroma von Currys und dient unter anderem als Grundlage von Suppen und Saucen. Erhältlich ist Kokosnusscreme in Asia-Märkten, ausgewählten Supermärkten und im Internet.

Mungobohnensprossen
Hierbei handelt es sich um die Keimsprossen der Mungbohne, sie werden aber in Deutschland häufig fälschlicherweise als „Sojasprossen" bezeichnet. Während die tatsächlichen Sprossen der Sojabohne in rohem Zustand giftig sind, können Mungobohnensprossen ohne Erhitzen roh verwendet werden. Mungobohnensprossen werden vor allem in Ost- und Südostasien angebaut und haben ihren festen Platz in der regionalen Alltagsküche. Mungobohnensprossen sind erhältlich in ausgewählten Supermärkten und Bioläden, in Asia-Märkten und im Internet.

Panko
Panko ist Paniermehl in einer asiatischen Variante und wird aus trockenem Weißbrot ohne Rinde hergestellt. Die Konsistenz unterscheidet sich daher von herkömmlichem Paniermehl westlicher Art, denn Panko ist etwas gröber und flockiger. Außer dem geriebenen speziellen Pankobrot können weitere Zutaten unter das Pankomehl gemischt werden, wie zum Beispiel Weizenmehl, Maisstärke, Backfett, Tapiokastärke, Salz, Zucker oder Trockenhefe. Panko ist erhältlich in Asia-Märkten, ausgewählten Supermärkten und im Internet.

Shiso-Kresse
Shiso-Kresse ist nicht mit der hiesigen Garten- oder Brunnenkresse verwandt. Aus China und Indien stammend, variieren ihre Blättchen zwischen dunkelrot und grün. Während die grünen Blättchen nach Minze schmecken, haben die roten ein Zimt- und Anisaroma. Shiso-Kresse enthält Kalzium und Eisen. Traditionell wird sie zu Sushi oder gebackenen Tempura serviert oder zum Einlegen von Umeboshi (sauren japanischen Pflaumen) verwendet. Erhältlich ist Shiso-Kresse in Asia-Märkten oder Bioläden.

Tapiokamehl
Tapiokamehl wird aus der Maniokpflanze gewonnen und gehört in Südamerika zur Alltagsküche. Tapiokamehl ähnelt in seiner feinen Konsistenz Weizenmehl oder und ist auch als Tapiokaflocken oder Tapiokastärke bekannt. Es ist ein glutenfreies und geschmacksneutrales Stärkemehl und wird häufig als Bindemittel für Saucen, Suppen und Nachspeisen eingesetzt. Ursprünglich aus Südamerika stammend, ist die Maniokpflanze mittlerweile auch in vielen anderen Regionen mit tropischem oder subtropischem Klima zu finden. Tapiokamehl ist erhältlich in Asia-Märkten, ausgewählten Supermärkten, Biomärkten oder Reformhäusern.

Wakame
Wakame sind Braunalgen, die in Japan in der Beliebtheitsrangliste gleich den Platz 2 nach der Nori-Alge belegen. Sie schmecken salzig, würzig und leicht süßlich nach Meer. In der asiatischen Küche äußerst beliebt, können sie sowohl gegart als auch getrocknet verwendet werden. Allerdings sind sie in Deutschland nur in getrockneter Form erhältlich, man weicht sie vor der Verwendung in Wasser ein. Wakame-Algen sind reich an Proteinen, Vitaminen und Mineralstoffen. Erhältlich sind Wakame in Asia-Märkten, Bioläden und ausgewählten Supermärkten.

Xanthangummi
Xanthangummi ist ein Lebensmittelzusatzstoff, der als Verdickungsmittel oder Stabilisator verwendet wird. Xanthangummi entsteht beim Fermentierungsprozess von Zucker, wird dann getrocknet und zu einem Pulver verarbeitet. Erhältlich ist Xanthan in Bioläden, Apotheken, Drogerien, ausgewählten Supermärkten oder auch im Internet.

RAMEN-NUDELN, SELBST GEMACHT

Hausgemachte Ramen-Nudeln

8 Portionen | leicht | 40 Minuten, Backzeit: 1 Stunde

Utensilien: Backblech, Backpapier, Nudelmaschine

Zutaten

3 TL Kansui-Wasser, im Asia-Laden oder online erhältlich

alternativ
1 Pck. Kaisernatron

360 ml Wasser

840 g Weizenmehl, Type 550

etwas Kartoffelstärke

Am einfachsten gelingt die Zubereitung der Ramen-Nudeln mit Kansui-Wasser. Ist dieses nicht erhältlich, kann auf die Alternative mit Natron zurückgegriffen werden.

1. Bei der Zubereitung mit Natron, Natron auf ein mit Backpapier ausgelegtes Backblech streuen und im vorgeheizten Ofen 1 Stunde/ 120 °C Umluft backen. 2 TL für das Nudelrezept aufbewahren, den Rest in einen luftdichten Behälter füllen und kühl aufbewahren.

2. Natron und Wasser oder Kansui-Wasser und Wasser in einer kleinen Schüssel vermengen. Mehl mit der Wassermischung 5 Minuten verkneten. Wenn der Teig sehr klebrig ist, jeweils 1 EL Mehl hinzufügen. Wenn der Teig sehr trocken ist, jeweils 1 EL Wasser hinzufügen. Es sollte ein glatter Teig entstehen, der sich von den Rändern der Schüssel löst und eine Kugel bildet.

3. Den Teig auf eine bemehlte Fläche geben und in 4–6 Portionen teilen.

4. Jede Portion mit den Händen flachdrücken und durch die weiteste Öffnung der Nudelmaschine führen. Den Teig falten und den Vorgang 3-mal wiederholen. Den Teig durch die nächst dünnere Öffnung und die folgenden Öffnungen führen, bis eine Dicke von 2–3 Millimetern erreicht ist. Die fertigen Teigplatten mit etwas Kartoffelstärke bestäuben und 20 Minuten ruhen lassen.

Tipp:

Wenn die Nudeln nicht sofort gekocht werden, können sie eingefroren werden. Gefrorene Nudeln in einen Topf mit kochendem Wasser geben und 30 Sekunden länger kochen als frische Nudeln.

5. Die Teigplatten durch den Spaghetti-Aufsatz führen, die Stränge mit ein wenig Stärke bestäuben, zu Nestern drehen und beiseitelegen, während die restlichen Portionen verarbeitet werden.

6. Einen Topf mit Wasser zum Kochen bringen und das Wasser salzen. Die Nudeln 2–3 Minuten lang kochen. In ein Sieb abgießen und mit kaltem Wasser abspülen, bis sie abgekühlt sind.

Glutenfreie Ramen-Nudeln

6 Portionen | leicht | 40 Minuten, Ruhezeit: 20 Minuten

Utensilien: Nudelmaschine

Zutaten

2 Eier, Gr. L

3 Eigelb, Gr. L

1 EL kaltgepresstes Olivenöl

1 TL Kansui-Wasser

Wasser zum Auffüllen auf 160 ml

320 g Mehl, glutenfrei

210 g Tapiokamehl

2 TL Xanthangummi, z.B. im Reformhaus oder online erhältlich

1 TL Guarkernmehl

½–1 TL Himalayasalz, extra fein

½ EL Akazienfaser, z.B. im Reformhaus oder online erhältlich

2 EL Molke, z.B. im Reformhaus erhältlich

etwas Kartoffelstärke

1. Eier, Eigelb, Öl und Kansui-Wasser mit einem Schneebesen in einem Messbecher verquirlen, bis alles gut vermischt ist. Wenn die Mischung nicht 160 ml ergibt, eine entsprechende Menge Wasser hinzufügen.

2. Mehl, Tapiokamehl, Xanthan, Guarkernmehl, Salz und Akazienfaser in einer Schüssel vermischen. Molke und die Ei-Kansui-Mischung dazugeben und die Zutaten 5 Minuten zu einem Teig vermischen.

3. Den Teig auf eine bemehlte Fläche geben und in 3–4 Portionen teilen.

4. Jede Portion mit den Händen flachdrücken und durch die weiteste Öffnung der Nudelmaschine führen. Den Teig falten und den Vorgang 3-mal wiederholen. Den Teig durch die nächst dünnere Öffnung und die folgenden Öffnungen führen, bis eine Dicke von 2–3 Millimetern erreicht ist. Die fertigen Teigplatten mit etwas Kartoffelstärke bestäuben und 20 Minuten ruhen lassen.

5. Die Teigplatten durch den Spaghetti-Aufsatz führen, die Stränge mit ein wenig Stärke bestäuben, zu Nestern drehen und beiseitelegen, während die restlichen Portionen verarbeitet werden.

6. Einen Topf mit Wasser zum Kochen bringen und das Wasser salzen. Die Nudeln 2–3 Minuten lang kochen. In ein Sieb abgießen und mit kaltem Wasser abspülen, bis sie abgekühlt sind.

Ei-Ramen-Nudeln

8 Portionen | leicht | 40 Minuten, Ruhezeit: 1 Stunde

Utensilien: Frischhaltefolie, Nudelmaschine

Zutaten

720 g Weizenmehl, Type 550

1 TL feines Meersalz

1½ TL Kansui-Wasser, erhältlich im Asia-Laden oder online

120 ml warmes Wasser

2 Eier, Gr. L, verquirlt

etwas Kartoffelstärke

1. Mehl und Salz vermischen. Kansui-Wasser und Wasser vermengen. Wasser, verquirlte Eier und die Mehl-Salz-Mischung miteinander vermengen. 5 Minuten zu einem glatten Teig kneten.

2. Den Teig auf eine bemehlte Arbeitsfläche geben und zu einem Rechteck formen. Mit Frischhaltefolie abdecken und mindestens 1 Stunde im Kühlschrank ruhen lassen.

3. Den Teig aus dem Kühlschrank nehmen, auf der bemehlten Arbeitsfläche in 6 gleichgroße Portionen teilen und mit Frischhaltefolie abdecken. Jedes Stück mit der Handfläche zu einem groben Rechteck mit einer Dicke von etwa 1,5 cm ausrollen und mit Stärke bestäuben.

4. Jede Portion durch die weiteste Öffnung der Nudelmaschine führen. Den Teig falten und den Vorgang 3-mal wiederholen. Den Teig durch die nächst dünnere Öffnung und die folgenden Öffnungen führen, bis eine Dicke von 2–3 Millimetern erreicht ist. Die Teigplatten durch den Spaghetti-Aufsatz führen, die Stränge mit ein wenig Stärke bestäuben, zu Nestern drehen und beiseitelegen, während die restlichen Portionen verarbeitet werden.

5. Einen Topf mit Wasser zum Kochen bringen und das Wasser salzen. Die Nudeln 2–3 Minuten lang kochen. In ein Sieb abgießen und mit kaltem Wasser abspülen, bis sie abgekühlt sind.

Brühen, selbst gemacht

Hühnerbrühe

8 Portionen | leicht | mind. 2 Stunden 20 Minuten

Zutaten

1,2 kg Huhn, ganz

ca. 4 l Wasser

3 Möhren, geschält

1 Lauchstange, geputzt, in groben Stücken

2 Frühlingszwiebeln, grob zerkleinert

1 Knoblauchzehe, zerdrückt

4–5 cm Ingwer, frisch, geschält, zerdrückt

1 Lorbeerblatt

1. Für die Brühe das Huhn in einen Topf geben und so viel Wasser dazugeben, dass das Huhn komplett mit Wasser bedeckt ist. Möhren, Lauch, Frühlingszwiebeln, Knoblauch, Ingwer und Lorbeerblatt dazugeben und aufkochen.

2. Die Brühe 15 Minuten kochen lassen und dann die Hitze auf mittlere Stufe reduzieren. Zugedeckt mindestens 2 Stunden köcheln lassen. Die Brühe wird umso intensiver, je länger man sie kochen lässt. Man kann die Brühe bis zu 4 Stunden kochen.

3. Nach dem Kochen das Huhn aus dem Topf nehmen und die Brühe durch ein feines Sieb abgießen. Die Brühe direkt für eine Ramen-Suppe weiterverwenden. Falls man die Brühe nicht direkt verwendet, diese abgekühlt im Kühlschrank aufbewahren oder einfrieren.

4. Die Möhren und das Fleisch kann man als Topping für die Ramen-Suppen verwenden oder für ein anderes Gericht auf Vorrat einfrieren.

Tipp:

Die Brühe erhält ihre charakteristische Würzung erst beim Zusammenstellen der Ramen-Suppe. Die jeweilige Würzung ist im Rezept vermerkt.

Tipp:

Über die Kochzeit verdunstet viel Flüssigkeit. Bei Bedarf die fertige Brühe mit etwas Wasser strecken.

Gemüsebrühe

4 Portionen · leicht · 2 Stunden 20 Minuten

Zutaten

ca. 3–4 l Wasser

3 Möhren, geschält, in groben Stücken

2 Lauchstangen, geputzt, in groben Stücken

1 Bund Frühlingszwiebeln, grob zerkleinert

1 Knoblauchzehe, zerdrückt

4–5 cm Ingwer, frisch, geschält, zerdrückt

1. Für die Brühe Wasser, Möhren, Lauch, Frühlingszwiebeln, Knoblauch und Ingwer in einem großen Topf aufkochen.

2. Die Brühe 15 Minuten kochen lassen und dann die Hitze auf mittlere Stufe reduzieren und zugedeckt mindestens 2 Stunden köcheln lassen.

3. Nach dem Kochen die Brühe durch ein feines Sieb gießen und die Brühe direkt weiterverwenden. Falls man die Brühe nicht direkt verwendet, diese abgekühlt im Kühlschrank aufbewahren oder einfrieren.

Tipp:

Die Brühe kann ganz nach Geschmack mit allerlei Kräutern wie Thymian verfeinert werden.

Tipp:

Die Brühe erhält ihre charakteristische Würzung erst beim Zusammenstellen der Ramen-Suppe. Die jeweilige Würzung ist im Rezept vermerkt.

Tipp:

Über die Kochzeit verdunstet viel Flüssigkeit. Bei Bedarf die fertige Brühe mit etwas Wasser strecken.

Tonkotsu-Brühe

4 Portionen leicht 4–5 Stunden 15 Minuten

Zutaten

750 g Schweinerippen

750 g Vordereisbein, natur

ca. 4 l Wasser

1 Lauchstange, geputzt, in groben Stücken

3 Frühlingszwiebeln, halbiert

1 Stück Ingwer, frisch, geschält, zerdrückt

1. Schweinerippen und Vordereisbein in einem großen Suppentopf reichlich mit Wasser bedecken. Der Wasserrand sollte 4 cm über dem Fleisch liegen. Lauchstange, Frühlingszwiebeln und Ingwer dazugeben und die Brühe aufkochen.
2. Die Brühe 15 Minuten bei starker Hitze kochen lassen und anschließend zugedeckt 4–5 Stunden auf mittlerer Stufe köcheln lassen. Dabei immer wieder umrühren und gegebenenfalls Wasser nachgießen, damit das Fleisch immer mit Wasser bedeckt ist.
3. Nach dem Kochen das Fleisch aus der Brühe nehmen und die Brühe zunächst durch ein grobes Sieb gießen und dann nochmal durch ein feines. Das Fleisch kann man anschließend als Beilage für eine Ramen-Suppe verwenden oder es für ein anderes Gericht auf Vorrat einfrieren.
4. Die Brühe direkt weiterverwenden oder bis zu ca. 5 Tage im Kühlschrank aufbewahren oder einfrieren.

Tipp:

Die Brühe erhält ihre charakteristische Würzung erst beim Zusammenstellen der Ramen-Suppe. Die jeweilige Würzung ist im Rezept vermerkt.

Tipp:

Über die Kochzeit verdunstet viel Flüssigkeit. Bei Bedarf die fertige Brühe mit etwas Wasser strecken.

Rinderbrühe

4 Portionen | leicht | 4–5 Stunden 15 Minuten

Zutaten

1 kg Suppenfleisch vom Rind

300 g Rinderbeinscheiben

1 Rinderknochen

1 Ochsenschwanz

ca. 4 l Wasser

2 Möhren, geschält, in groben Stücken

1 Lauchstange, geputzt, in groben Stücken

3 Frühlingszwiebeln, in groben Stücken

1 Stück Ingwer, frisch, geschält, zerdrückt

1. Suppenfleisch, Rinderbeinscheibe, Rinderknochen und Ochsenschwanz in einem großen Suppentopf reichlich mit Wasser bedecken. Der Wasserrand sollte 4 cm über dem Fleisch liegen. Möhren, Lauchstange, Frühlingszwiebeln und Ingwer dazugeben und die Suppe aufkochen.

2. Die Suppe 15 Minuten bei starker Hitze kochen lassen und anschließend zugedeckt 4–5 Stunden auf mittlerer Stufe köcheln lassen. Dabei immer wieder umrühren und gegebenenfalls Wasser nachgießen, damit das Fleisch immer mit Wasser bedeckt ist.

3. Nach dem Kochen das Fleisch aus der Brühe nehmen und zunächst durch ein grobes Sieb gießen und dann nochmal durch ein feines. Das Suppenfleisch kann man anschließend als Beilage für die Ramen-Suppe verwenden oder es für ein anderes Gericht auf Vorrat einfrieren.

4. Die Rinderbrühe direkt weiterverwenden oder bis zu ca. 5 Tage im Kühlschrank aufbewahren oder einfrieren.

Tipp:

Die Brühe erhält ihre charakteristische Würzung erst beim Zusammenstellen der Ramen-Suppe. Die jeweilige Würzung ist im Rezept vermerkt.

Tipp:

Über die Kochzeit verdunstet viel Flüssigkeit. Bei Bedarf die fertige Brühe mit etwas Wasser strecken.

Shoyu-Brühe

12 Portionen | leicht | 10 Stunden 30 Minuten

Zutaten

4 EL Schweineschmalz, Ghee oder Kokosnussöl

2 mittelgroße Möhren, geschält, in Würfeln

½ Zwiebel, in Würfeln

3 Frühlingszwiebeln, in 3 Teilen

1 Apfel, entkernt und geviertelt (mit Schale)

2 Stangen Staudensellerie, gedrittelt

5 Knoblauchzehen

5 getrocknete Shiitake-Pilze, in kleine Stücke gebrochen

1, 2 kg Huhn, ganz

4 mittelgroße Ochsenschwanzstücke, etwa 5 cm lang

1 Zitrone, geviertelt

2,2 l Hühnerbrühe, fertig vorgekocht (s. S. 28)

175 ml hochwertige Sojasauce

4 TL Dashi-Granulat, erhältlich im Asia-Laden oder online

2 EL Salz

½ TL weißer Pfeffer

1 Lorbeerblatt

1. Schweineschmalz in einem großen Topf erhitzen. Möhrenwürfel, Zwiebelwürfel, Frühlingszwiebeln, Apfelviertel, Staudensellerie, Knoblauch und Shiitake-Pilze dazugeben und kurz anschwitzen.

2. Das ganze Huhn, die Ochsenschwanzstücke und die Zitrone hinzufügen und mit der Hühnerbrühe übergießen, gefolgt von Sojasauce, Dashi, Salz, Pfeffer und Lorbeerblatt. Die Brühe sollte das Huhn fast bedecken. Die Brühe aufkochen lassen. Die Brühe anschließend bei mittlerer Hitze 10 Stunden köcheln lassen. Wenn sich das Ochsenschwanzfleisch leicht vom Knochen löst, ist die Suppe fertig.

3. Mit einem Schaumlöffel alle größeren Feststoffe entfernen. Die restlichen festen Bestandteile durch ein feineres Sieb in einen großen Topf abseihen. Es sollte eine hellbraune, glänzende und fettreiche Suppe werden. Die fertige Brühe kann bis zu 2 Wochen im Kühlschrank aufbewahrt oder 1 Monat lang eingefroren werden.

Die Shoyu-Brühe kann nun für zahlreiche Shoyu-Ramen-Rezepte verwendet werden. Dazu die im Rezept angegebene Menge Brühe in einem separaten Topf aufkochen und köcheln lassen, bis alle Zutaten vorbereitet sind. Die Ramen-Nudeln auf Schüsseln verteilen und mit Brühe übergießen. Mit Toppings nach Rezept garnieren.

Miso-Gewürzbasis

12 Portionen | leicht | 35 Minuten

Zutaten

120 ml Schweineschmalz, Ghee oder Kokosnussöl

3 EL Sesamöl

1 mittelgroße Möhre, geschält, in feinen Würfeln

½ Zwiebel, in feinen Würfeln

½ Apfel, entkernt, geschält, in feinen Würfeln

1 Stange Staudensellerie, in feinen Würfeln

3 Knoblauchzehen, gehackt

340 g Schweinehackfleisch

2 TL Ingwer, gemahlen

1 TL Sriracha-Sauce

2 EL Sojasauce

1 TL Kelp-Granulat, optional, erhältlich online

1 EL Apfelessig

1 TL Salz

1 EL Tahini

175 g Shiro-Miso (weiße Miso-Paste), erhältlich im Asia-Laden oder online

175 g Aka Miso (rote Miso-Paste), erhältlich im Asia-Laden oder online

1. Schmalz und 1 EL Sesamöl in einer großen Pfanne erhitzen. Gewürfelte Möhren, Zwiebeln, Apfel, Sellerie und gehackten Knoblauch in die Pfanne geben und unter gelegentlichem Rühren bei mittlerer Hitze 10–12 Minuten dünsten, bis die Zwiebeln glasig und der Apfel weich sind.

2. Das Hackfleisch zu der Gemüsemischung hinzufügen, etwa 8–10 Minuten krümelig braten. Ingwer, Sriracha, Sojasauce, Granulat, Apfelessig und Salz untermischen.

3. Die Mischung aus der Pfanne in einen Mixer geben oder mit dem Pürierstab fein pürieren. Tahini und Miso-Pasten dazugeben und nochmals mixen, es sollte die Konsistenz einer dicken Paste erreicht werden. Damit ist die Basis fertig.

4. Die Miso-Gewürzbasis je nach Ramen-Rezept in die angegebene Menge Brühe einrühren und nach Rezept weiterkochen.

SHIO-GEWÜRZPASTE

12 Portionen | leicht | 25 Minuten

Zutaten

1 mittelgroße Möhre

½ Zwiebel

3 Frühlingszwiebeln

½ Apfel

1 Stange Staudensellerie

3 Knoblauchzehen

5 frische Shiitake-Pilze

120 g Schweineschmalz, Ghee oder Kokosnussmilch

1 EL Sesamöl

3 TL Dashi-Granulat, erhältlich im Asia-Laden oder online

2 EL Fleur de Sel oder Salz nach Wahl

1. Möhre, Zwiebel, Frühlingszwiebeln, Apfel, Sellerie, Knoblauch und frische Shiitake-Pilze schälen bzw. putzen und mit einem Mixer pürieren oder alle Zutaten per Hand in sehr feine Würfel schneiden.

2. In einem mittelgroßen Topf Schweineschmalz und das Sesamöl erhitzen. Das fein zerkleinerte Gemüse hinzufügen und unter gelegentlichem Rühren 10–12 Minuten anschwitzen. Dashi und Fleur de Sel zugeben und gut verrühren.

3. Die Shio-Gewürzpaste je nach Ramen-Rezept in die angegebene Menge Brühe einrühren und nach Rezept weiterkochen.

TOPPINGS

Nitamago-Eier

6 Portionen — leicht — 10–11 Minuten Marinierzeit: 24 Stunden

Utensilien: 1 Schüssel oder Schraubglas

Zutaten

Wasser, um die Eier zu bedecken

1 Prise Salz oder 1 TL Essig

6 Eier, Gr. M

Für die Marinade:

4 ½ EL Sojasauce

4 ½ EL Mirin

1 ½ EL Zucker

1. Das Wasser in einem Topf zum Kochen bringen und die Eier hinzufügen. Entweder 6 Minuten köcheln lassen, sodass das Eigelb noch weich ist, oder 7 Minuten, um die Eier durchzugaren.

2. Die Eier aus dem Topf nehmen, kalt abspülen, vorsichtig pellen und in eine Schüssel mit Eis geben, damit das Eigelb nicht weiter stockt.

3. Alle Zutaten für die Marinade in einer tiefen Schüssel oder einem Schraubglas mischen und die gepellten Eier in die Marinade geben. Die Eier sollten vollständig mit Marinade bedeckt sein. Die Eier in der Marinade 1 Tag lang in den Kühlschrank stellen, dabei die Eier alle paar Stunden vorsichtig bewegen.

4. Als Topping auf den Ramen-Suppen oder als Beilage servieren. Die Eier halten sich abgetropft und luftdichtverschlossen 2–3 Tage im Kühlschrank.

Tamagoyaki
Japanisches Omelett

1 Omelett — leicht — 15 Minuten

Utensilien: 1 beschichtete Pfanne, wenn vorhanden eine Crêpe-Pfanne, 1 Pinsel

Zutaten

4 Eier, Gr. M

1 EL Sojasauce

1 EL Mirin

1 EL Zucker

1 Prise Salz

neutrales Pflanzenöl zum Braten

1. Die Eier in einer Schüssel mit einer Gabel gut verquirlen.

2. Sojasauce, Mirin, Zucker und Salz zum verquirlten Ei geben und gut vermischen.

3. Öl in einer Pfanne auf mittlerer Stufe erhitzen. Einen Pinsel bereithalten, damit die Pfanne während des Bratens weitere Male geölt werden kann.

4. Die Hälfte der Eimasse in die erhitzte Pfanne gießen. Die Eimischung in der ganzen Pfanne verteilen, sie wird wie ein Crêpe sehr dünn gebacken. Nach kurzer Zeit, wenn die Oberseite noch leicht roh ist, die Unterseite aber gestockt ist und schon eine schöne Farbe angenommen hat, die Eimasse mithilfe von 2 Pfannenwendern aufrollen. Die aufgerollte Eimasse am Pfannenrand weiter garen lassen. Nun wieder die restliche Fläche der Pfanne mit Öl bepinseln und einen kleinen Teil der Eimischung in die Pfanne geben. Die Mischung soll sich wieder in der ganzen Pfanne verteilen. Nun wieder, wenn die Oberseite noch leicht roh ist, die Rolle aufrollen. Dieses Mal mit dem Aufrollen der schon fertigen ersten Rolle beginnen und somit die weitere Masse mit der ersten Rolle auf die andere Seite der Pfanne weiter einrollen. Dann die neue Rolle wieder auf einer Pfannenseite liegen lassen und so weiter verfahren, bis die ganze Eimasse aufgebraucht ist. Die fertige Rolle kann dann noch kurz von beiden Seiten goldbraun angebraten werden, wenn sie nicht eh schon goldbraun ist.

5. Die Rolle herausnehmen, kurz abkühlen lassen, in Stücke schneiden und die Ramen-Suppe mit den Omelett-Scheiben toppen.

Beni-Shoga
Eingelegter, roter Ingwer

1 Glas leicht 10–11 Minuten, Ruhezeit: mind. 3–4 Stunden 10–15 Minuten

Utensilien: 1 Schraubglas

Zutaten

500 ml Wasser

240 g Ingwer, frisch, geschält, in dünnen Scheiben

120 ml Pflaumenessig, erhältlich im Asia-Laden oder online

1. Einen Topf mit dem Wasser zum Kochen bringen.
2. Ingwerscheiben hinzufügen und 10 Sekunden lang kochen, dann abgießen.
3. Ingwer auf einem Papiertuch ausbreiten und 10–15 Minuten abkühlen lassen.
4. Den Ingwer in ein Schraubglas umfüllen und mit dem Pflaumenessig bedecken. Für 3–4 Stunden oder besser 1–2 Tage im Kühlschrank ziehen lassen. Der Ingwer bekommt in der Zeit eine gleichmäßige rosa Färbung. Im Kühlschrank aufbewahrt, ist der Ingwer mindestens 2 Wochen haltbar.

Menma
Eingelegte Bambussprossen

6 Portionen | leicht | 30 Minuten, Ruhezeit: 24 Stunden

Utensilien: 1 Schraubglas

Zutaten

120 g Bambussprossen, aus dem Glas

480 ml Wasser

120 ml Teriyaki-Sauce oder Chashu-Marinade (übriggebliebene Sauce vom Einlegen des Chashu (s. S. 52)

60 ml Mirin

1 Handvoll Bonitoflocken, erhältlich im Asia-Laden oder online

1. Bambussprossen, Wasser, Teriyaki-Sauce und Mirin in einen Topf geben und vermischen. Die Mischung zum Kochen bringen, dann die Bonitoflocken hinzufügen und die Hitze reduzieren. Die Zutaten 25 Minuten köcheln lassen. Anschließend die Mischung vom Herd nehmen und abkühlen lassen.

2. Bambussprossen mit der Flüssigkeit in ein Schraubglas geben und über Nacht in den Kühlschrank stellen. Am nächsten Tag als Topping für eine Ramen-Suppe verwenden. Die Bambussprossen halten sich im Kühlschrank gelagert bis zu einer Woche.

Chashu Geschmorter Schweinebauch

4–6 Portionen

leicht

4 Stunden 20 Minuten, Ruhezeit: mind. 2 Stunden

Utensilien: Küchengarn, dicker Holzspieß

Zutaten

1 kg Schweinebauch, in 10–12 cm breiten Streifen

2,4 l Wasser

1 l dunkle Sojasauce

600 g Zucker

180 ml Mirin

1 Knoblauchzehe, gehackt

1 Frühlingszwiebel, gehackt

1 EL Ingwer, frisch, geschält, gerieben

1. Das Schweinefleisch in 10–12 cm breite Streifen schneiden. Die Streifen nebeneinanderlegen und zu einem runden Bündel aufrollen. Das Bündel mit Küchengarn umwickeln, damit es seine Form behält.

2. Restliche Zutaten in einem Topf gut vermischen. Das gerollte Schweinefleisch in die Mischung legen und das Ganze zum Kochen bringen. Sobald die Sauce kocht, die Hitze reduzieren und das Schweinefleisch bei niedriger Hitze 4 Stunden köcheln lassen, bis es weich ist. Den dabei entstehenden Schaum immer mal wieder von der Oberfläche abschöpfen.

3. Einen dicken Holzspieß in die Mitte des Rollbratens stecken und damit prüfen, ob das Schweinefleisch gar ist. Es ist durchgegart, wenn kein Fleisch mehr am Holzspieß kleben bleibt. Das Fleisch in der Flüssigkeit auf Zimmertemperatur abkühlen lassen und die Schnur entfernen, wenn das Fleisch abgekühlt ist.

4. Das Schweinefleisch in der Flüssigkeit 2 Stunden oder über Nacht im Kühlschrank ruhen lassen, dann lässt es sich leichter in Scheiben schneiden. Die benötigte Menge in Scheiben schneiden und die Ramen-Suppe damit toppen!

Ramen mit Hühnerbrühe

Chorizo-Miso-Ramen

6 Portionen | leicht | 35 Minuten

Zutaten

½ rote Zwiebel

2 rote Paprika, entkernt

3 grüne Chilischoten, entkernt

1 EL neutrales Pflanzenöl

3 Dosen Mais, à 140 g Abtropfgewicht

460 g Chorizo, ohne Darm, in Scheiben

530 g Miso-Gewürzbasis (s. S. 38)

2,8 l Hühner- oder Gemüsebrühe, fertig vorgekocht (s. S. 28, 30)

600 g Ramen-Nudeln, z.B. selbst gemacht (s. S. 20–24)

Toppings:

3 Nitamago-Eier, halbiert (s. S. 44)

180 g Grünkohl

1 Bund Radieschen, in Scheiben

1. Zwiebel, Paprika und Chilischoten mit einem Mixer fein zerhacken oder mit dem Messer in feine Würfel schneiden.

2. Das Öl in einer großen Pfanne erhitzen. Das zerhackte Gemüse und den Mais hineingeben und 10 Minuten dünsten. Vom Herd nehmen und in einer Schüssel beiseitestellen.

3. Die Chorizo in der gleichen Pfanne, in der das Gemüse zubereitet wurde, anbraten, bis sie leicht gebräunt ist. Während des Bratens mit einem Holzlöffel in kleine Stücke brechen.

4. In einem Topf Miso-Gewürzbasis und Brühe verrühren und zum Kochen bringen. 6 EL gebratene Chorizo in die Brühe geben, die Hitze reduzieren und köcheln lassen, bis alle Zutaten servierfertig sind. Kurz vor dem Servieren die Brühe wieder zum Kochen bringen.

5. Die Nudeln in einem separaten Topf ca. 2–3 Minuten kochen. Nudeln nach der Kochzeit in einem Sieb abtropfen lassen. Die abgetropften Nudeln auf 6 Schüsseln verteilen.

6. Die Brühe über die Nudeln gießen. Die Ramen mit einem kleinen Haufen Chorizo, rohem Grünkohl, etwa 40 g der Gemüse-Mischung, Radieschenscheiben und einem halben Nitamago-Ei toppen.

Tipp:

Der Grünkohl kann roh verzehrt werden, so enthält er die allermeisten Vitamine. Bekömmlicher wird er aber, wenn er in einem Topf mit siedendem Wasser für 3 Minuten blanchiert wird.

Einfache Ramen mit Pak Choi

2 Portionen · leicht · 30 Minuten

Zutaten

2 Eier, Gr. M

200 g Ramen-Nudeln, z.B. selbst gemacht (s. S. 20–24)

1½ EL Sojasauce

2 EL Mirin

2 Knoblauchzehen, gehackt

2 cm Ingwer, frisch, geschält, gehackt

1 l Hühnerbrühe, fertig vorgekocht (s. S. 28)

pflanzliches Öl zum Braten

2 Hähnchenbrustfilets à 120 g, in ca. 1 cm dicken Scheiben

2 Pak Choi, geputzt, in Streifen

10 Champignons oder andere Pilze, geputzt, in Scheiben

1. Die Eier hart kochen und halbieren. Die Nudeln in einem Topf mit kochendem Wasser 2–3 Minuten kochen. Die Nudeln nach der Kochzeit in einem Sieb abtropfen lassen.

2. Sojasauce und Mirin in eine Pfanne geben und erhitzen. Gehackten Knoblauch und gehackten Ingwer in die heiße Pfanne dazugeben und anschwitzen. Den gesamten Pfanneninhalt über die Nudeln gießen und miteinander vermischen.

3. Die Hühnerbrühe in einen Topf geben und aufkochen lassen. Dann die Hitze reduzieren und die Brühe köcheln lassen, bis alle Zutaten servierbereit sind. Die Brühe kurz vor dem Servieren nochmal aufkochen lassen.

4. Etwas Fett in die Pfanne geben und die Hähnchenscheiben in der Pfanne braten, bis sie gar sind. Die gegarten Hähnchenscheiben aus der Pfanne nehmen und beiseitestellen. Pak Choi-Streifen und Pilze in die Pfanne geben und kurz andünsten.

5. Die Nudeln auf 2 Schüsseln verteilen. Die Brühe über die Nudeln gießen. Die Ramen mit dem Pak Choi, den Pilzen, dem gekochten, halbierten Ei und dem Hähnchenbrustfilet toppen.

Geng Gari Gai-Ramen

6 Portionen leicht 45 Minuten

Utensilien: Wok, optional

Zutaten

1 EL Erdnussöl

1 EL Knoblauch, gehackt

80 g Schalotten, gewürfelt

2 rote Chilischoten, getrocknet

240 g rote Paprika, entkernt, in mundgerechten Stücken

300 g Auberginen, in mundgerechten Stücken

360 ml Kokosnusscreme

1 TL Salz

¼ TL weißer Pfeffer

1 TL Kurkuma, gemahlen

2 TL Koriander, gemahlen

1 TL Kreuzkümmel, gemahlen

½ TL Nelken, gemahlen

1 TL Ingwer, frisch, geschält, gerieben

1 TL Zitronengraspaste

3 Hähnchenschenkel, ohne Haut und Knochen, in mundgerechten Stücken

Salz und Pfeffer, nach Belieben

2 EL Fischsauce

2 Limetten, Saft von ½ Limette, den Rest geviertelt für den Belag

1 EL brauner Zucker

3160 ml Hühnerbrühe, fertig vorgekocht (s. S. 28)

360 g Shio-Gewürzpaste (s. S. 40)

600 g Ramen-Nudeln, z.B. selbst gemacht (s. S. 20–24)

Toppings:

1 Bund Basilikum

6 EL Beni-Shoga (s. S. 48)

1. Das Erdnussöl in einer großen Pfanne oder einem Wok erhitzen. Knoblauch und Schalotten zugeben und 2 Minuten anschwitzen. Chilischoten, Paprika und Auberginen hinzufügen. Unter ständigem Rühren bei mittlerer Hitze 3–4 Minuten braten, bis die Aubergine beginnt, weich zu werden. Das Gemüse in eine separate Schüssel umfüllen.

2. In derselben Pfanne bzw. Wok Kokosnusscreme, Salz, Pfeffer, Kurkuma, Koriander, Kreuzkümmel, Nelken, Ingwer und Zitronengraspaste bei schwacher Hitze dünsten. Die Hähnchenstücke mit Salz und Pfeffer würzen, mit in die Pfanne geben und kurz scharf anbraten. Dann die Hitze reduzieren, die Pfanne mit einem Deckel abdecken und die Zutaten etwa 15 Minuten garen.

3. Fischsauce, Saft von ½ Limette, braunen Zucker und 360 ml Hühnerbrühe hinzufügen. Weitere 10 Minuten köcheln lassen. 240 ml der entstandenen Sauce aus der Pfanne in einen Messbecher abschöpfen und bis zur weiteren Verarbeitung zur Seite stellen.

Fortsetzung S. 62

Fortsetzung Geng Gari Gai-Ramen

4. Die gedünstete Gemüse-Mischung wieder mit in die Pfanne geben und köcheln lassen, bis alle weiteren Zutaten servierbereit sind.

5. In einem weiteren großen Topf 2,8 l Hühnerbrühe mit der Shio-Gewürzpaste verrühren. Dann die beiseitegestellten 240 ml Currysauce einrühren und die Mischung zum Kochen bringen. Die Hitze reduzieren und bis zur Verwendung köcheln lassen. Kurz vor dem Servieren nochmal zum Kochen bringen.

6. Die Nudeln in einem separaten Topf ca. 2–3 Minuten kochen. Nudeln nach der Kochzeit in einem Sieb abtropfen lassen. Die abgetropften Nudeln auf 6 Schüsseln verteilen.

7. Die Brühe über die Nudeln gießen. Mit je einer großzügigen Portion Hähnchen-Gemüse-Curry aus der Pfanne, Basilikum, und einer Limettenscheibe toppen. Beni-Shoga dazureichen.

HÄHNCHEN-FLEISCHBÄLLCHEN-RAMEN

Hähnchen-Fleischbällchen-Ramen

6 Portionen | leicht | 1 Stunde 10 Minuten

Zutaten

2 Eiweiß, Gr. M
460 g Geflügelhackfleisch
2 EL Möhren, geschält, fein geraspelt
2 EL Mu-Err-Pilze, fein gehackt
4 Shiso-Kresse-Blätter, fein gehackt
1 EL Zucker
1 EL Shoyu (japanische Sojasauce)
60 ml Wasser mit Kohlensäure
1 TL Zwiebelpulver
½ TL Knoblauchsalz
¼ TL Pfeffer
30 g Panko-Paniermehl
600 g Ramen-Nudeln, z.B. selbst gemacht (s. S. 20–24)

Für die Shio-Brühe:

175 g Butter
2,8 l Hühner- oder Gemüsebrühe, fertig vorgekocht (s. S. 28, 30)
175 ml Mirin
1 großes, rechteckiges Stück Kombu (etwa 25 cm lang), in großen Quadraten
12 Shiitake-Pilze, getrocknet und zerkrümelt
530 g Shio-Gewürzpaste (s. S. 40)

Toppings:

3 japanische Omeletts (Tamagoyaki), in Scheiben (s. S. 46)
300 g Sprossen-Mix, gewaschen
1 rote Paprika, entkernt, in Streifen

1. Das Eiweiß steif schlagen, bis sich weiche Spitzen bilden.

2. In einer Schüssel Geflügelhack, Möhren, Pilze, Kresse, Zucker, Shoyu, Wasser, Zwiebelpulver, Knoblauchsalz und Pfeffer gut vermischen. Die Pankobrösel und den Eischnee vorsichtig unterheben, bis alles gut vermischt ist. Die Mischung 10 Minuten lang ruhen lassen.

3. In einem großen Topf die Shio-Brühe zubereiten. Zuerst die Butter in den Topf geben und erhitzen. Sobald die Butter zu bräunen beginnt und nussig riecht, Brühe, Mirin, Kombu und Pilze hinzufügen. Zum Kochen bringen, dann die Hitze reduzieren und die Brühe 15 Minuten köcheln lassen. Dann die festen Bestandteile mit einem Sieb entfernen. Die Shio-Gewürzpaste unterrühren und die Brühe bis zum Servieren köcheln lassen. Kurz vor dem Servieren die Brühe nochmal zum Kochen bringen. Währenddessen die weiteren Zutaten vorbereiten.

4. Aus der geruhten Hähnchenmasse schnell etwa 24 golfballgroße Bällchen formen. Die Bällchen portionsweise mit einer Schaumkelle in die köchelnde Brühe geben und jeweils 6 Minuten darin gar ziehen lassen. Die fertig gekochten Bällchen aus der Brühe nehmen und beiseitestellen.

5. Die Nudeln in einem separaten Topf ca. 2–3 Minuten kochen. Nudeln nach der Kochzeit in einem Sieb abtropfen lassen. Die abgetropften Nudeln auf 6 Schüsseln verteilen.

6. Die Brühe über die Nudeln gießen. Die Ramen mit je 4 Hackbällchen, Sprossen, 35 g Paprikastreifen und Omelett-Scheiben toppen.

Indonesische Schweinefleisch-Ramen

6 Portionen | leicht | 45 Minuten, Marinierzeit: mind. 3 Stunden

Utensilien: 1 großer Zip-Lock-Beutel, Gas- oder Holzkohlegrill

Zutaten

Für die Marinade:

Saft von 1 Limette

2 EL Shoyu (japanische Sojasauce)

2 EL Ahornsirup oder brauner Zucker

2 Knoblauchzehen, gehackt

1 EL Kreuzkümmel, gemahlen

1 EL Currypulver

½ TL Sriracha-Sauce

1 EL Sesamöl

2 EL Erdnussbutter

670 g Schweinefilet

Für die Suppe:

600 g Ramen-Nudeln, z.B. selbst gemacht (s. S. 20–24)

2,8 l Hühnerbrühe, fertig vorgekocht (s. S. 28)

530 g Shio-Gewürzpaste (s. S. 40)

360 ml Kokosmilch

1 EL Currypulver

Für die Toppings:

1 EL Butter

3 Kochbananen, in schrägen Scheiben

3 japanische Omeletts (Tamagoyaki), in Scheiben (s. S. 46)

1 Bund Koriander, Blätter abgezupft

1 Limette, in 6 Spalten

1. Den Zip-Lock-Beutel mit Limettensaft, Shoyu, Ahornsirup oder braunem Zucker, Knoblauch, Kreuzkümmel, Curry, Sriracha-Sauce, Sesamöl und Erdnussbutter füllen. Das Schweinefilet in den Beutel geben, diesen verschließen und die Marinade so verteilen, dass das Filet gut bedeckt ist. In den Kühlschrank stellen und mindestens 3 Stunden oder besser bis zu 24 Stunden marinieren.

2. Einen Gas- oder Holzkohlegrill auf mittlere bis hohe Hitze vorbereiten. Das Schweinefilet bei direkter Hitze ca. 10 Minuten pro Seite unter Wenden garen, bis das Fleisch eine Kerntemperatur von 63 °C hat. Das Fleisch auf ein Schneidebrett legen und mindestens 8 Minuten ruhen lassen – es sollte innen noch rosa sein. Anschließend in Scheiben schneiden.

Fortsetzung S. 68

Fortsetzung
Indonesische Schweinefleisch-Ramen

3. In einem Topf Hühnerbrühe und Shio-Gewürzpaste verrühren und zum Kochen bringen. Kokosmilch und Currypulver einrühren, die Hitze reduzieren und bis zum Servieren köcheln lassen. Unmittelbar vor dem Servieren die Brühe wieder zum Kochen bringen.

4. Die Nudeln in einem separaten Topf ca. 2–3 Minuten kochen. Nudeln nach der Kochzeit in einem Sieb abtropfen lassen.

5. In einer kleinen Pfanne bei mittlerer Hitze die Butter erhitzen. Die Bananen hinzufügen und braten, bis sie leicht gebräunt sind und anfangen knusprig zu werden, etwa 1 Minute auf jeder Seite.

6. Die abgetropften Nudeln auf 6 Schüsseln verteilen. Die Brühe über die Nudeln gießen. Die Ramen mit Schweinefiletscheiben, Bananenscheiben, Omelett-Scheiben, Koriander und Limettenspalten toppen.

KOKOS-CURRY-RAMEN MIT HUHN

Kokos-Curry-Ramen mit Huhn

2 Portionen | leicht | 35 Minuten

Zutaten

Für die Brühe:

230 g Hähnchenschenkel, ohne Knochen und Haut

1 EL neutrales Pflanzenöl

Salz & Pfeffer

1 Dose Kokosmilch à 400 g

720 ml Hühnerbrühe, fertig vorgekocht (s. S. 28)

Für die Currypaste:

2 EL Koriander, gehackt

1 Knoblauchzehe, gehackt

ca. 1 cm Zitronengras, fein gehackt

ca. 1 cm Ingwer, frisch, geschält, fein gehackt

½ Chilischote, entkernt, in dünnen Scheiben

2 EL Tomatenmark

2 TL Fischsauce

2 TL Paprikapulver, edelsüß

½ TL Currypulver

½ TL Zucker

¼ TL Kurkuma, gemahlen

200 g Ramen-Nudeln, z.B. selbst gemacht (s. S. 20–24)

Toppings:

110 g Pak Choi

Frühlingszwiebeln, in dünnen Ringen, nach Geschmack

1 japanisches Omelett (Tamagoyaki), in Scheiben (s. S. 46)

1. Die Hähnchenschenkel in einem großen Topf bei mittlerer Hitze in Öl von allen Seiten scharf anbraten. Mit Salz und Pfeffer würzen und mit Kokosmilch und Brühe ablöschen. Die Brühe zum Kochen bringen, die Hitze reduzieren und das Hähnchen in der Brühe 20 Minuten köcheln lassen. Das Hähnchen nach der Kochzeit aus der Brühe nehmen und ruhen lassen. Die Brühe weiterhin auf niedriger Stufe simmern lassen.

2. In der Zwischenzeit Koriander, Knoblauch, Zitronengras, Ingwer und Chilischote in einen Mörser geben und zu einer Paste zerstoßen. Tomatenmark, Fischsauce, Paprikapulver, Currypulver, Zucker und Kurkuma hinzufügen und gut mischen. Die Paste zur Brühe in den Topf geben und die Brühe bei mittlerer Hitze 2 Minuten köcheln lassen.

3. Die Ramen-Nudeln in einem separaten Topf ca. 2–3 Minuten kochen. Nudeln nach der Kochzeit in einem Sieb abtropfen lassen. In einem weiteren Topf Wasser zum Kochen bringen. Den Pak Choi in dem kochenden Wasser 1 Minute kochen. Anschließend abgießen. Das Hähnchenfleisch in mundgerechte Stücke schneiden.

4. Die Nudeln auf 2 Schüsseln verteilen. Die Brühe über die Nudeln gießen. Die Ramen mit Hähnchenstücken, Pak Choi und Omelett-Scheiben toppen und mit Frühlingszwiebelringen garnieren.

Miso-Huhn-Ramen

6 Portionen | leicht | 30 Minuten

Zutaten

1440 ml Hühnerbrühe, fertig vorgekocht (s. S. 28)

270 g Miso-Gewürzbasis (s. S. 38)

2 Hähnchenbrüste à 125 g

Salz & Pfeffer

600 g Ramen-Nudeln, z.B. selbst gemacht (s. S. 20–24)

240 g Enoki-Pilze, geputzt

500 g Baby-Spinat

5–6 Frühlingszwiebeln, in dünnen Ringen

1. Die Brühe in einen Topf geben und die Miso-Gewürzbasis einrühren. Die Brühe zum Kochen bringen und auf mittlerer Stufe köcheln lassen, bis alle weiteren Zutaten zubereitet sind.

2. Die Hähnchenbrüste mit Salz und Pfeffer würzen, in einen weiteren Topf geben und mit Wasser bedecken. Das Wasser zum Kochen bringen, dann die Hitze reduzieren und die Hähnchenbrüste mit geschlossenem Deckel 8–12 Minuten kochen. Anschließend aus dem Wasser nehmen und in mundgerechte Stücke zupfen oder schneiden.

3. Die Nudeln in einem separaten Topf ca. 2–3 Minuten kochen. Nudeln nach der Kochzeit in einem Sieb abtropfen lassen.

4. Die Pilze in die köchelnde Brühe geben und 3 Minuten erwärmen. Den Topf vom Herd nehmen, Spinat und Hähnchenstücke hinzufügen und umrühren, bis der Spinat zusammenfällt.

5. Die Nudeln auf 6 Schüsseln verteilen. Die Brühe über die Nudeln gießen und vor dem Servieren mit den Frühlingszwiebeln garnieren.

Pilz-Ramen

4 Portionen | leicht | 20 Minuten

Zutaten

115 g Stockschwämmchen, geputzt

115 g Buchenpilze (Shimeji), geputzt

115 g Enoki-Pilze, geputzt

115 g Shiitake-Pilze, geputzt

alternativ 460 g gemischte Pilze nach Wahl

1,8 l Hühner- oder Gemüsebrühe, fertig vorgekocht (s. S. 28, 30)

360 g Shio-Gewürzpaste (s. S. 40)

230 g Schlagsahne

4 Hühnerbrühe-Brühwürfel

1 TL Shichimi Togarashi, optional

400 g Ramen-Nudeln, z.B. selbst gemacht (s. S. 20–24)

Toppings:

½ Kopf Rotkohl, zerkleinert

4 TL Ingwer, frisch, geschält, gerieben

4 Frühlingszwiebeln, gehackt

1. Jeweils die Hälfte der Pilze in einem Mixer fein zerkleinern; alternativ mit einem Messer fein hacken. Die restlichen Pilze werden in Scheiben geschnitten und für das Topping aufbewahrt.

2. In einem großen Topf die Brühe mit der Shio-Gewürzpaste verrühren. Die Sahne, die Brühwürfel, die fein gehackte Pilzmischung und Shichimi Togarashi einrühren und die Brühe aufkochen. Dann die Hitze reduzieren und die Brühe köcheln lassen, bis alle Zutaten servierbereit sind. Kurz vor dem Servieren die Brühe nochmal aufkochen.

3. Die Nudeln in einem separaten Topf ca. 2–3 Minuten kochen. Nudeln nach der Kochzeit in einem Sieb abtropfen lassen. Die abgetropften Nudeln auf 4 Schüsseln verteilen.

4. Die Brühe über die Nudeln gießen. Die Ramen mit den restlichen Pilzen, Rotkohl, 1 TL Ingwer und Frühlingszwiebeln toppen.

Rote Kokos-Curry-Meeresfrüchte-Ramen

4 Portionen   mittel   25 Minuten

Zutaten

2 EL Avocado-Öl

1 EL Ingwer, frisch, geschält, gerieben

4 Knoblauchzehen, gehackt

2 EL rote Currypaste

1 l Hühnerbrühe, fertig vorgekocht (s. S. 28)

1 Dose Kokosmilch à 400 ml

1 EL Fischsauce

450 g Krabbenbeine

450 g Garnelen, Schwänze entfernt, geschält und entdarmt

Salz und Pfeffer, nach Belieben

400 g Ramen-Nudeln, z.B. selbst gemacht (s. S. 20–24)

Toppings:

4 Limettenspalten

1 Bund Frühlingszwiebeln, gehackt

4 Nitamago-Eier, halbiert (s. S. 44)

1 Bund Koriander, gehackt

1. Öl in einem großen Topf erhitzen. Ingwer und Knoblauch im Öl 2 Minuten andünsten. Currypaste hinzufügen und 1 Minute weiterbraten. Mit Brühe, Kokosmilch und Fischsauce ablöschen und gut umrühren, bis alles gut vermischt ist. Die Brühe aufkochen lassen und anschließend die Hitze etwas reduzieren. Die Krabbenbeine mit in den Topf geben und 3–5 Minuten kochen lassen. Dann auch die Garnelen mit in die Brühe geben und 2–3 Minuten kochen lassen, bis sie gar sind. Die Brühe nach Belieben mit Salz und Pfeffer abschmecken.

2. Die Nudeln in einem separaten Topf ca. 2–3 Minuten kochen. Nudeln nach der Kochzeit in einem Sieb abtropfen lassen. Die abgetropften Nudeln auf 4 Schüsseln verteilen.

3. Die Brühe über die Nudeln gießen. Die Ramen mit je einer Limettenspalte, Frühlingszwiebeln, einem halbierten Nitamago-Ei und gehacktem Koriander toppen.

Scharfe Schweinefleisch-Thai-Kokos-Curry-Ramen

4 Portionen | leicht | 1 Stunde

Zutaten

Für die Brühe:

2 EL Sambal Oelek

2 Schalotten, halbiert

5 cm Ingwer, frisch, geschält, in Scheiben

6 Knoblauchzehen

1 EL neutrales Pflanzenöl + zum Braten

60 g Korianderstängel, gehackt

1 EL Koriander, gemahlen

1 TL Currypulver

1 EL Kurkuma, gemahlen

2 Dosen Kokosmilch à 400 ml

500 ml Hühnerbrühe, fertig vorgekocht (s. S. 28)

1 EL brauner Zucker

Salz

400 g Ramen-Nudeln, z.B. selbst gemacht (s. S. 20–24)

Für das Schweinefleisch:

1 EL neutrales Pflanzenöl

450 g Schweinehackfleisch

2–3 TL Sambal Oelek

¼ TL Knoblauchpulver

¼ TL Ingwerpulver

Salz

Toppings:

2 japanische Omeletts (Tamagoyaki), in Scheiben (s. S. 46)

1 Bund Frühlingszwiebeln, gehackt

1. Sambal Oelek, Schalotten, Ingwer, Knoblauch, Öl, frischen und gemahlenen Koriander, Currypulver und Kurkuma mit 3 EL Wasser mit einem Pürierstab oder Mixer zu einer glatten Paste verarbeiten. Wenn die Paste nicht glatt genug ist, noch 1–2 EL Wasser hinzufügen.

2. Paste in eine mit Öl erhitzte Pfanne geben und unter ständigem Rühren 4–5 Minuten anschwitzen. Mit Kokosmilch und Brühe ablöschen und mit Zucker und nach Belieben mit Salz würzen. Die Brühe aufkochen lassen, dann die Hitze reduzieren und die Brühe weitere 20–25 Minuten köcheln lassen.

Fortsetzung S. 80

Fortsetzung Scharfe Schweinefleisch-Thai-Kokos-Curry-Ramen

3. Öl in einer weiteren Pfanne erhitzen und das Hackfleisch darin 6–7 Minuten krümelig braten. Sambal Oelek, Knoblauch- und Ingwerpulver hinzugeben und 1 Minute lang andünsten. Nach Belieben salzen. Vom Herd nehmen und beiseitestellen.

4. Die Nudeln in einem separaten Topf mit Wasser ca. 2–3 Minuten kochen. Nudeln nach der Kochzeit in einem Sieb abtropfen lassen. Die Nudeln auf 4 Schüsseln verteilen.

5. Die Brühe über die Nudeln gießen. Die Ramen mit gewürztem Schweinefleisch, Frühlingszwiebelringen und Omelett-Scheiben toppen.

Tahini-Miso-Ramen mit Tofu

Tahini-Miso-Ramen mit Tofu

4 Portionen | leicht | 45 Minuten, Backzeit: 30–35 Minuten

Utensilien: Geschirrtuch, Backblech, Backpapier

Zutaten

Für den Tofu:

400 g Tofu

1 EL neutrales Pflanzenöl

1 EL Sojasauce

1 EL Speisestärke

¼ TL Salz

¼ TL Pfeffer

Für die Champignons:

2 TL neutrales Pflanzenöl

250 g Champignons, in Scheiben

Salz und Pfeffer, nach Belieben

Für die Ramen:

1200 ml Hühner- oder Gemüsebrühe, fertig vorgekocht (s. S. 28, 30)

225 g Miso-Gewürzbasis (s. S. 38)

50 g Tahini

400 g Ramen-Nudeln, z.B. selbst gemacht (s. S. 20–24)

1 TL Sesamöl, geröstet

2 EL Sojasauce

2 TL Reisessig

2 Bund Frühlingszwiebeln, in Ringen

2 EL Sesamsamen

1. Den Ofen auf 220°C Umluft vorheizen. Den Tofu mithilfe eines Geschirrtuchs auspressen, um überschüssiges Wasser zu entfernen, und dann in Würfel schneiden. Tofu, Öl und Sojasauce auf einem mit Backpapier ausgelegten Backblech vermengen. Speisestärke, Salz und Pfeffer hinzugeben und nochmal durchschwenken. Den Tofu im vorgeheizten Ofen 30–35 Minuten backen, dabei einmal wenden.

2. Öl in einer beschichteten Pfanne erhitzen. Die Champignons hinzufügen und 8–10 Minuten unter Rühren braten, bis sie an den Rändern goldbraun sind. Mit Salz und Pfeffer würzen.

3. Die Brühe in einen großen Topf geben und mit Miso-Gewürzbasis und Tahini verrühren. Die Brühe zum Kochen bringen und dann bei reduzierter Hitze köcheln lassen, bis alle Zutaten vorbereitet sind. Zum Schluss die Brühe nochmal aufkochen lassen.

4. Die Nudeln in einem separaten Topf ca. 2–3 Minuten kochen. Nudeln nach der Kochzeit in einem Sieb abtropfen lassen. Die abgetropften Nudeln mit Sesamöl, Sojasauce und Reisessig beträufeln. Gut verrühren. Die Nudeln auf 4 Schüsseln verteilen.

5. Die Brühe über die Nudeln gießen. Mit knusprigem Tofu, Champignons, Frühlingszwiebelringen und Sesamsamen toppen.

Schweine-Miso-Ramen

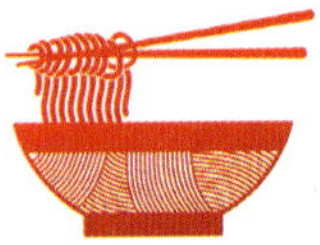

4 Portionen | leicht | 30 Minuten

Zutaten

Für die Suppe:

neutrales Pflanzenöl zum Braten

450 g Schweinehackfleisch

½ kleine Zwiebel, gewürfelt

1 EL Gochujang, erhältlich im Asia-Laden oder online

1 Prise weißer Pfeffer

720 ml Hühner- oder Gemüsebrühe, fertig vorgekocht (s. S. 28, 30)

720 ml Wasser

400 g Ramen-Nudeln, z.B. selbst gemacht (s. S. 20–24)

2 Stück Pak Choi, halbiert

4 Frühlingszwiebeln, nur den weißen Teil, in Ringen

2 EL Miso-Paste

Salz, Pfeffer oder Sojasauce, nach Bedarf, zum Abschmecken

Toppings:

240 g Mungobohnensprossen, gewaschen

1 Bund Koriander, gehackt

4 Nitamago-Eier, halbiert (s. S. 44)

4 EL Beni-Shoga (s. S. 48)

1 Bund Frühlingszwiebeln, nur den grünen Teil, in Ringen

2 EL Sesamsamen, geröstet

1. Öl in einem großen Topf erhitzen. Das Hackfleisch dazugeben und 3 Minuten bei mittlerer Hitze anbraten. Zwiebelwürfel dazugeben und 2 Minuten weiterbraten. Gochujang und Pfeffer hinzufügen und für 1 weitere Minute braten.

2. Mit Brühe und Wasser ablöschen und die Brühe zum Kochen bringen. Wenn die Brühe kocht, die Hitze reduzieren und 10 Minuten köcheln lassen.

3. Die Nudeln in einem separaten Topf ca. 2–3 Minuten kochen. Nudeln nach der Kochzeit in einem Sieb abtropfen lassen. Die abgetropften Nudeln auf 4 Schüsseln verteilen.

4. Pak Choi und weißen Teil der Frühlingszwiebeln in die Brühe geben und 2 Minuten mitköcheln lassen. Die Miso-Paste in eine kleine Schüssel geben. 2–3 Kellen Brühe hinzufügen und mit einem Schneebesen verrühren, bis die Miso-Paste glatt ist. Die Miso-Mischung in den Topf dazugeben und gut umrühren. Die Brühe mit Salz und Pfeffer oder Sojasauce nach Bedarf abschmecken.

5. Die Brühe über die Nudeln gießen und mit Mungobohnensprossen, Koriander, halbierten Nitamago-Eiern, je 1 EL Beni-Shoga, Frühlingszwiebeln und Sesamsamen toppen.

Traditionelle Miso-Ramen

2 Portionen | leicht | 15 Minuten

Zutaten

950 ml Hühnerbrühe, fertig vorgekocht (s. S. 28)

170 g Miso-Gewürzbasis (s. S. 38)

1 EL neutrales Pflanzenöl

2 Knoblauchzehen, gehackt

80 g Möhren, geschält, in dünnen Streifen

250 g Chinakohl, zerkleinert

200 g Ramen-Nudeln, z.B. selbst gemacht (s. S. 20–24)

3 Frühlingszwiebeln, in Ringen

1 japanisches Omelett (Tamagoyaki), in Scheiben (s. S. 46)

1. Die Brühe mit der Miso-Basis in einen Topf geben und verrühren. Die Brühe zum Kochen bringen. Wenn die Brühe kocht, die Hitze reduzieren und die Brühe weiter köcheln lassen, bis alle weiteren Zutaten vorbereitet sind.

2. In einer Pfanne das Öl erhitzen und den Knoblauch 1 Minute lang bei starker Hitze anbraten. Die Möhren in die Pfanne geben und unter Rühren braten, bis sie gar, aber noch knackig sind, etwa 2 Minuten. Den Kohl hinzufügen und ein paar Sekunden mitbraten. Die Pfanne vom Herd nehmen.

3. Die Nudeln in einem separaten Topf ca. 2–3 Minuten kochen. Nudeln nach der Kochzeit in einem Sieb abtropfen lassen.

4. Die Ramen-Nudeln auf 2 Schüsseln verteilen. Die Brühe über die Nudeln gießen und mit Möhren, Kohl, Frühlingszwiebelringen und Omelett-Scheiben toppen. Heiß servieren.

Pikante Tofu-Ramen

6 Portionen | leicht | 20 Minuten

Zutaten

1,8 l Hühner- oder Gemüsebrühe, fertig vorgekocht (s. S. 28, 30)

530 g Miso-Gewürzbasis (s. S. 38)

3 TL Sambal Oelek

600 g Ramen-Nudeln, z.B. selbst gemacht (s. S. 20–24)

Toppings:

600 g Tofu

Öl zum Frittieren

1 Bund Rucola

12 Nori-Blätter, grün, geröstet

270 g Bambussprossen, aus dem Glas

6 EL Beni-Shoga (s. S. 48)

1. Den Tofu in Würfel schneiden. In einer Pfanne reichlich Öl erhitzen. Ein Holzstäbchen in das Öl halten, wenn Blasen aufsteigen, ist das Öl heiß genug. Den Tofu in die Pfanne geben und von allen Seiten goldbraun frittieren. Den frittierten Tofu auf Küchenpapier abtropfen lassen.

2. In einem großen Topf die Brühe mit der Gewürzbasis und dem Sambal Oelek vermischen und aufkochen lassen. Dann die Hitze reduzieren und die Brühe köcheln lassen, bis alle Zutaten servierbereit sind. Kurz vor dem Servieren die Brühe nochmal aufkochen.

3. Die Nudeln in einem separaten Topf ca. 2–3 Minuten kochen. Nudeln nach der Kochzeit in einem Sieb abtropfen lassen. Die abgetropften Nudeln auf 6 Schüsseln verteilen. Die Nori-Blätter mit einer Küchenschere in Streifen schneiden.

4. Die Brühe über die Nudeln gießen. Die Ramen mit frittiertem Tofu, Rucola, Nori-Blätter-Streifen, Bambussprossen und je 1 EL Beni-Shoga toppen.

Shoyu-Ramen

Bunte Regenbogen-Ramen

6 Portionen | leicht | 30 Minuten

Utensilien: Wok, optional

Zutaten

2 EL Sesamöl

4 EL Mirin

2 Knoblauchzehen, gehackt

2 EL Ingwer, frisch, geschält, gerieben

6 EL Shoyu (japanische Sojasauce)

1 rote Paprikaschote, entkernt, in Streifen

3 Möhren, geschält, geraspelt

50 g Mungobohnensprossen

75 g Zuckerschoten

¼ Kopf Rotkohl, zerkleinert

2,8 l Shoyu-Brühe (s. S. 36)

600 g Ramen-Nudeln, z.B. selbst gemacht (s. S. 20–24)

Toppings:

3 japanische Omeletts (Tamagoyaki), in Scheiben (s. S. 46)

270 g Bambussprossen, aus dem Glas

3 TL Sesamsamen

1 Bund Schnittlauch, in Röllchen

1. Sesamöl, Mirin, Knoblauch, Ingwer und Shoyu in einen Wok oder eine große Pfanne geben, verrühren und stark erhitzen.

2. Paprika, Möhren, Mungobohnensprossen, Zuckerschoten und Rotkohl in den Wok geben und 5 Minuten garen. Anschließend beiseitestellen.

3. In einem großen Topf die Shoyu-Brühe aufkochen lassen. Dann die Hitze reduzieren und die Brühe köcheln lassen, bis alle Zutaten servierbereit sind. Kurz vor dem Servieren die Brühe nochmal aufkochen.

4. Die Nudeln in einem separaten Topf ca. 2–3 Minuten kochen. Nudeln nach der Kochzeit in einem Sieb abtropfen lassen. Die abgetropften Nudeln auf 6 Schüsseln verteilen.

5. Die Brühe über die Nudeln gießen. Die Ramen mit Omelett-Scheiben, Menma und angebratenem Gemüse toppen. Mit Sesamsamen und Schnittlauch garnieren.

Furikake-Lachs-Ramen

6 Portionen

leicht

15 Minuten, Backzeit: ca. 8 Minuten

Utensilien: Backblech, Backpapier

Zutaten

680 g Lachsfilet, mit Haut

60 g Mayonnaise

1 EL Shoyu (japanische Sojasauce)

1 TL Sesamöl

25 g Furikake, erhältlich im Asia-Laden oder online

2,8 l Shoyu-Brühe (s. S. 36)

600 g Ramen-Nudeln, z.B. selbst gemacht (s. S. 20–24)

Toppings:

100 g Shiitake-Pilze, in Scheiben

3 japanische Omeletts (Tamagoyaki), in Scheiben (s. S. 46)

40 g Schnittlauch, in Röllchen

1½ Zitronen, geviertelt

1. Den Ofen auf 200°C Ober-/Unterhitze vorheizen. Den Lachs mit der Hautseite nach unten auf ein mit Backpapier ausgelegtes Backblech legen. In einer kleinen Schüssel Mayonnaise, Shoyu und Sesamöl verquirlen. Den Lachs mit der Mayonnaise-Mischung bestreichen. Furikake gleichmäßig über den Lachs streuen. Den Lachs im vorgeheizten Ofen ca. 8 Minuten garen, bis er gerade gar ist. Die Garzeit kann je nach Dicke des Lachsfilets variieren.

2. Den Lachs aus dem Ofen nehmen und in Würfel schneiden. Die Haut des Lachses entfernen.

3. In einem großen Topf die Shoyu-Brühe zum Kochen bringen. Dann die Hitze reduzieren und bis zum Servieren köcheln lassen. Kurz vor dem Servieren nochmal aufkochen.

4. Die Nudeln in einem separaten Topf ca. 2–3 Minuten kochen. Nudeln nach der Kochzeit in einem Sieb abtropfen lassen. Die abgetropften Nudeln auf 6 Schüsseln verteilen.

5. Die Shoyu-Brühe über die Nudeln gießen. Mit Lachs, Shiitake-Pilzen, Omelett-Scheiben und Schnittlauch toppen. Etwas Zitronensaft darüber träufeln und heiß genießen.

Shoyu-Ramen mit schwarzem Knoblauch

2 Portionen | leicht | 25 Minuten

Zutaten

neutrales Pflanzenöl zum Braten

80 g Shiitake-Pilze, in dünnen Scheiben

2 schwarze Knoblauchzehen, gehackt

900 ml Shoyu-Brühe (s. S. 36)

120 g grüne Bohnen, geputzt, in Scheiben

200 g Ramen-Nudeln, z.B. selbst gemacht (s. S. 20–24)

Toppings:

1 TL Furikake

1 japanisches Omelett (Tamagoyaki), in Scheiben (s. S. 46)

1 Frühlingszwiebel, nur der grüne Teil, in Ringen

1. Öl in einer Pfanne erhitzen. Die Pilze und den Knoblauch in die Pfanne geben und 4–5 Minuten braten, bis sie gebräunt sind.

2. In einem großen Topf die Shoyu-Brühe aufkochen. Dann die Hitze reduzieren und die Brühe köcheln lassen, bis alle Zutaten servierbereit sind. Kurz vor dem Servieren die Brühe nochmal aufkochen.

3. Während die Brühe köchelt, eine Schüssel mit Eiswasser füllen und beiseitestellen.

4. Einen weiteren Topf mit Wasser zum Kochen bringen. Bohnen hinzufügen und 3–4 Minuten kochen, bis sie gerade weich sind. Gekochte grüne Bohnen mit einem Schaumlöffel in die Schüssel mit Eiswasser geben. Vollständig abkühlen lassen, dann aus dem Eiswasser nehmen und abtropfen lassen.

5. Die Nudeln in einem separaten Topf ca. 2–3 Minuten kochen. Nudeln nach der Kochzeit in einem Sieb abtropfen lassen. Die abgetropften Nudeln auf 2 Schüsseln verteilen.

6. Die Brühe über die Nudeln gießen. Die Ramen mit den Pilzen, dem Knoblauch, den blanchierten Bohnen und jeweils ½ TL Furikake und Omelett-Scheiben toppen. Mit Frühlingszwiebelringen bestreuen.

Shoyu-Hähnchen-Ramen

4 Portionen | leicht | 50 Minuten

Zutaten

Für die Brühe:

2 l Shoyu-Brühe, fertig vorgekocht (s. S. 36)

2 Hähnchenbrustfilets à 125 g

400 g Ramen-Nudeln, z.B. selbst gemacht (s. S. 20–24)

1 Dose Mais, 140 g Abtropfgewicht

2 Stück Pak Choi

Toppings:

2 Nitamago-Eier, halbiert (s. S. 44)

4 EL Beni-Shoga (s. S. 48)

2 EL Chiliflocken, getrocknet

2 Frühlingszwiebeln, in Ringen

1. Die Shoyu-Brühe in einen Topf geben und aufkochen lassen. Wenn sie kocht, die Hitze etwas reduzieren. Das Hähnchenfleisch in die Suppe geben und 13–15 Minuten köcheln lassen, bis es durchgegart ist. Dann das Hähnchen herausnehmen und 5–10 Minuten beiseitestellen, bevor es in Scheiben geschnitten wird. Die Brühe weiter köcheln lassen.

2. Die Nudeln in einem separaten Topf ca. 2–3 Minuten kochen. Nudeln nach der Kochzeit in einem Sieb abtropfen lassen.

3. Den Mais aus der Dose abtropfen lassen. Den abgetropften Mais mit dem Pak Choi in die Brühe geben und 2 Minuten köcheln lassen.

4. Eine Pfanne ohne Öl erhitzen und Chili unter Rühren 1–2 Minuten rösten.

5. Die abgetropften Nudeln auf 4 Schüsseln verteilen. Die Brühe über die Nudeln gießen. Die Ramen mit Hähnchenfleisch, je 1 EL Beni-Shoga, Chiliflocken, einem halben Nitamago-Ei und Frühlingszwiebelringen toppen.

Süsse Chili-Lachs-Ramen

6 Portionen | leicht | 30 Minuten

Zutaten

500 g Lachsfilet, mit Haut

Salz und Pfeffer, nach Belieben

2 TL neutrales Pflanzenöl

1 Brokkoli, ca. 350 g, in kleinen Röschen

8 EL Shoyu (japanische Sojasauce)

4 EL süße Chilisauce

2 EL Sesamöl

2,8 l Shoyu-Brühe (s. S. 36)

600 g Ramen-Nudeln, z.B. selbst gemacht (s. S. 20–24)

6 Portionen Menma (s. S. 50)

1. Das Lachsfilet von beiden Seiten mit Salz und Pfeffer würzen. 1 TL Pflanzenöl in einer Pfanne erhitzen. Brokkoliröschen in die Pfanne geben, mit Salz und Pfeffer würzen und etwa 2 Minuten anbraten. Dann 3 EL Wasser hinzufügen und zugedeckt weitere 2 Minuten dünsten lassen. Herausnehmen und beiseitestellen.

2. In der gleichen Pfanne 1 TL Pflanzenöl erhitzen. Den Lachs mit der Hautseite nach unten hineingeben und zugedeckt etwa 6 Minuten dünsten. Das Lachsfleisch sollte glasig sein.

3. Den Lachs herausnehmen und mit der Hautseite nach oben auf ein Schneidebrett legen. Die Haut vorsichtig entfernen und wieder in die Pfanne legen. Bei starker Hitze auf beiden Seiten etwa 2 Minuten kross braten. Herausnehmen und auf ein Küchentuch legen.

4. In wieder dieselbe Pfanne Shoyu, süße Chilisauce und Sesamöl geben und bei mittlerer Hitze köcheln lassen, bis die Sauce Blasen wirft. Kurz vor dem Servieren die Lachsfilets wieder in die Pfanne geben und in der Sauce wenden.

5. In einem großen Topf die Shoyu-Brühe aufkochen. Bis zum Servieren köcheln lassen, kurz vor dem Servieren die Brühe nochmal aufkochen.

6. Die gebratene Lachshaut in kleine Streifen schneiden und beiseitestellen. Die Nudeln in einem separaten Topf ca. 2–3 Minuten kochen. Nudeln nach der Kochzeit in einem Sieb abtropfen lassen. Die abgetropften Nudeln auf 6 Schüsseln verteilen.

7. Die Brühe über die Nudeln gießen. Mit Lachsfilet, Brokkoliröschen und Menma toppen. Zum Schluss die gebratenen Lachshautstreifen darüber streuen.

Tokio-Ramen

4 Portionen | leicht | 15 Minuten

Zutaten

Für die Brühe:

2 l Shoyu-Brühe (s. S. 36)

400 g Ramen-Nudeln, z.B. selbst gemacht (s. S. 20–24)

Toppings:

100 g Babyspinat

1 Bund Frühlingszwiebeln, in Ringen

4 Nitamago-Eier, halbiert (s. S. 44)

16 Scheiben Chashu (s. S. 52)

1. In einem großen Topf die Shoyu-Brühe aufkochen lassen. Dann die Hitze reduzieren und die Brühe köcheln lassen, bis alle Zutaten servierbereit sind. Kurz vor dem Servieren die Brühe nochmal aufkochen.

2. Den Babyspinat in einem weiteren Topf mit kochendem Wasser 2 Minuten kochen. Mit einer Schöpfkelle herausnehmen und beiseitestellen.

3. Die Nudeln in einem separaten Topf ca. 2–3 Minuten kochen. Nudeln nach der Kochzeit in einem Sieb abtropfen lassen. Die abgetropften Nudeln auf 4 Schüsseln verteilen.

4. Die Brühe über die Nudeln gießen. Die Ramen mit Frühlingszwiebelringen, halbierten Nitamago-Eiern, Babyspinat und jeweils 4 Scheiben Chashu toppen.

Traditionelle Shoyu-Ramen

4 Portionen leicht 15 Minuten

Zutaten

1200 ml Shoyu-Brühe, fertig vorgekocht (s. S. 36)

600 g Ramen-Nudeln, z.B. selbst gemacht (s. S. 20–24)

Toppings:

2 Nitamago-Eier, halbiert (s. S. 44)

12 Scheiben Menma (s. S. 50)

8 Scheiben Chashu (s. S. 52)

Frühlingszwiebelringe, zum Bestreuen

1. Shoyu-Brühe in einen Topf geben und aufkochen. Wenn die Brühe kocht, die Hitze reduzieren und die Brühe köcheln lassen, bis alle Zutaten servierbereit sind. Kurz vorm Servieren die Brühe nochmal aufkochen.

2. Die Nudeln in einem separaten Topf ca. 2–3 Minuten kochen. Nudeln nach der Kochzeit in einem Sieb abtropfen lassen.

3. Die Nudeln auf 4 Schüsseln verteilen und die Brühe über die Nudeln gießen. Die Ramen jeweils mit einem halben Nitamago-Ei, 3 Scheiben Menma und 2 Scheiben Chashu toppen und mit Frühlingszwiebelringen garnieren. Nun kann die Ramen-Suppe serviert werden.

Rindfleisch-Shoyu-Ramen

4 Portionen | leicht | 35 Minuten

Zutaten

1 EL Zitronensaft

1 EL Shoyu (japanische Sojasauce)

1 EL Sake

1 EL Mirin

2 Rindersteaks à 200 g

Salz und Pfeffer, nach Belieben

1 EL Rindertalg (Rinderfett, das Sie bei Ihrem Metzger bekommen können), ersatzweise Schweineschmalz

950 ml Shoyu-Brühe (s. S. 36)

40 g Wasabi

Toppings

4 Nitamago-Eier, halbiert (s. S. 44)

40 g Daikon-Rettich, gerieben

1 Handvoll Shiso-Kresse

1 Zitrone

1. Zitronensaft, Shoyu, Sake und Mirin in einer kleinen Schüssel zu einer Marinade verrühren.

2. Die Steaks mit Salz und Pfeffer würzen. Den Talg in einer mittelgroßen Pfanne bei starker Hitze schmelzen. Das Steak hineingeben und kurz von beiden Seiten scharf anbraten. Das Fleisch soll in der Mitte noch blutig sein. Die Marinade über die Steaks in der Pfanne gießen. Dann die Steaks aus der Pfanne nehmen, die restliche Marinade verbleibt in der Pfanne.

3. Die Marinade und den Bratensaft etwa 1 Minute lang in der Pfanne einkochen lassen.

4. Die Shoyu-Brühe in einen großen Topf geben und aufkochen. Die Bratensaftmischung aus der Pfanne und den Wasabi in die Brühe einrühren. Dann die Hitze reduzieren und die Brühe köcheln lassen, bis alle Zutaten servierbereit sind. Kurz vor dem Servieren die Brühe nochmal aufkochen.

5. Die Nudeln in einem separaten Topf ca. 2–3 Minuten kochen. Nudeln nach der Kochzeit in einem Sieb abtropfen lassen. Die abgetropften Nudeln auf 4 Schüsseln verteilen.

6. Die Steaks in kleine Quadrate schneiden – das Fleisch sollte blutig bis englisch (Kern roh bis leicht blutig) gebraten sein.

7. Die Steakwürfel auf den Nudeln verteilen. Die Brühe über die Nudeln gießen. Mit einem Nitamago-Ei, 1 EL Rettich, Shiso-Kresse und einer dünnen Zitronenscheibe toppen.

Ramen mit Tonkotsu-Brühe oder Rinder-brühe

Kurume-Ramen

2 Portionen | leicht | 20 Minuten

Zutaten

960 ml Tonkotsu-Brühe, fertig vorgekocht (s. S. 32)

2 EL Mirin

1 EL Sake

200 g Ramen-Nudeln, z.B. selbst gemacht (s. S. 20–24)

Toppings:

6 Chashu-Scheiben (s. S. 52)

4 Nori-Blätter

1 Frühlingszwiebel, in Ringen

60 g Bambussprossen, aus dem Glas

2 Nitamago-Eier, halbiert (s. S. 44)

2 EL Beni-Shoga, nach Belieben (s. S. 48)

1 EL Chili-Öl, nach Belieben

1. Brühe, Mirin und Sake in einem Topf mischen. Die Brühe aufkochen lassen und dann 10 Minuten bei mittlerer Hitze köcheln lassen. Kurz vor dem Servieren nochmal aufkochen.

2. Die Nudeln in einem separaten Topf ca. 2–3 Minuten kochen. Nudeln nach der Kochzeit in einem Sieb abtropfen lassen. Die abgetropften Nudeln in 2 Schüsseln verteilen.

3. Die Brühe über die Nudeln gießen. Die Ramen mit je 3 Chashu-Scheiben, je 2 Nori-Blättern, Frühlingszwiebelringen, Bambussprossen, jeweils einem halbierten Nitamago-Ei und 1 EL Beni-Shoga toppen. Chili-Öl darüber träufeln und servieren.

Mapo-Tofu-Ramen

4 Portionen   leicht   40 Minuten

Zutaten

4 EL Speisestärke

4 EL Wasser

1 EL neutrales Pflanzenöl

2 Knoblauchzehen, gehackt

1 Schalotte, fein gehackt

225 g Schweinehackfleisch

115 g Shiitake-Pilze, in Scheiben

Salz

1 EL Sambal Oelek

4 EL Sherry, trocken

1,8 l Tonkotsu-Brühe, fertig vorgekocht (s. S. 32)

400 g Tofu, gewürfelt

1 EL Sesamöl

400 g Ramen-Nudeln, z.B. selbst gemacht (s. S. 20–24)

1 EL Chili-Öl

Toppings:

2 japanische Omeletts (Tamagoyaki), in Scheiben (s. S. 46)

4 Frühlingszwiebeln, gehackt

200 g Mungobohnensprossen, eingelegt

1 TL Shichimi-Togarashi, optional

1. In einer kleinen Schüssel Speisestärke und Wasser verrühren.

2. Das Pflanzenöl in einer mittelgroßen Pfanne erhitzen und darin den Knoblauch und die Schalotte kurz anschwitzen. Das Hackfleisch und die Hälfte von den Shiitake-Pilzen dazugeben, mit Salz würzen und so lange braten, bis das Hackfleisch krümelig ist. Sambal Oelek einrühren und mit 2 EL Sherry ablöschen. Die Mischung vom Herd nehmen.

3. Die Tonkotsu-Brühe in einen großen Topf geben und erhitzen. Die Hackfleischmischung und den Tofu hinzufügen und 10 Minuten köcheln lassen.

4. Währenddessen das Sesamöl in einem weiteren Topf erhitzen. Die restlichen Shiitake-Pilze hinzufügen und mit Salz würzen. Die Pilze 3–4 Minuten anbraten. Mit 2 EL Sherry ablöschen.

5. Die Nudeln in einem separaten Topf ca. 2–3 Minuten kochen. Nudeln nach der Kochzeit in einem Sieb abtropfen lassen. Die abgetropften Nudeln auf 4 Schüsseln verteilen.

6. Die Tonkotsu-Brühe nochmal aufkochen lassen und das Chili-Öl und den Stärkebrei zum Andicken hinzugeben. Die Brühe nochmal ca. 3 Minuten köcheln lassen, damit sie ein wenig andickt.

7. Die fertige Brühe über die Nudeln gießen. Die Ramen mit 1 EL Frühlingszwiebeln, Mungobohnensprossen, gebratenen Shiitake-Pilzen, Omelett-Scheiben und 1 Prise Shichimi-Togarashi toppen.

Tonkatsu-Tonkotsu-Ramen

6 Portionen | leicht | 35 Minuten

Zutaten

Für das Fleisch:

670 g Schweinefilet, in 1 cm lange Steaks geschnitten

Salz und Pfeffer

65 g Speisestärke

2 Eier, Gr. M

1 EL Wasser

230 g Panko-Paniermehl

neutrales Pflanzenöl, zum Braten

Für die Brühe:

2,7 l Tonkotsu-Brühe, fertig vorgekocht (s. S. 32)

600 g Ramen-Nudeln, z.B. selbst gemacht (s. S. 20–24)

Toppings:

6 Frühlingszwiebeln, gehackt

300 g Mungobohnensprossen, gewaschen

3 japanische Omeletts (Tamagoyaki), in Scheiben (s. S. 46)

180 g Bambussprossen, aus dem Glas

1. Die Schweinefiletsteaks von beiden Seiten mit Salz und Pfeffer würzen.

2. Panierstationen einrichten. Die Speisestärke auf einen Teller streuen. Die Eier und das Wasser in einer mittelgroßen Schüssel verquirlen. Die Pankobrösel auf einen weiteren Teller geben. Das gewürzte Fleisch erst in Speisestärke wenden, dann durchs Ei ziehen und zuletzt mit Pankobröseln panieren.

3. In einer Pfanne so viel Öl verteilen, dass die Pfanne bis zu 2 cm hoch mit Öl bedeckt ist. Das Öl erhitzen. Die richtige Temperatur ist erreicht, wenn ein paar eingestreute Pankobrösel sofort in dem Öl „tanzen", das entspricht ca. einer Temperatur von 190 °C. Die panierten Fleischstreifen in das Öl geben und von jeder Seite 2 Minuten frittieren. Herausnehmen und auf einem Küchenpapier abtropfen lassen. Das Fleisch in dünne, diagonale Scheiben schneiden.

4. Die Tonkotsu-Brühe in einem weiteren Topf zum Kochen bringen, dann die Hitze reduzieren und bis zum Servieren köcheln lassen. Kurz vor dem Servieren die Brühe nochmal zum Kochen bringen.

5. Die Nudeln in einem separaten Topf ca. 2–3 Minuten kochen. Nudeln nach der Kochzeit in einem Sieb abtropfen lassen. Die abgetropften Nudeln auf 6 Schüsseln verteilen.

6. Die Brühe über die Nudeln gießen. Die Ramen mit geschnittenem Schweinefleisch, Frühlingszwiebeln, Mungobohnensprossen, Omelett-Scheiben und Menma toppen.

Tonkotsu-Miso-Ramen

2 Portionen

leicht

15 Minuten,
Einweichzeit: 20 Minuten

Zutaten

Für die Brühe:

900 ml Tonkotsu-Brühe, fertig vorgekocht (s. S. 32)

6 EL Miso-Gewürzbasis (s. S. 38)

200 g Ramen-Nudeln, z.B. selbst gemacht (s. S. 20–24)

Toppings:

60 g Shiitake-Pilze, getrocknet, eingeweicht, in Scheiben

1 EL Sesamsamen

12 Scheiben Chashu (s. S. 52)

1 Bund Frühlingszwiebeln, in Ringen

60 g Mais

1 Nitamago-Ei, halbiert (s. S. 44)

1. Die Shiitake-Pilze 20 Minuten in warmem Wasser einweichen. Anschließend in Scheiben schneiden.

2. In einem großen Topf die Brühe mit der Gewürzbasis vermischen und aufkochen lassen. Dann die Hitze reduzieren und die Brühe köcheln lassen, bis alle Zutaten servierbereit sind. Kurz vor dem Servieren die Brühe nochmal aufkochen.

3. Die Nudeln in einem separaten Topf ca. 2–3 Minuten kochen. Nudeln nach der Kochzeit in einem Sieb abtropfen lassen. Die abgetropften Nudeln auf 2 Schüsseln verteilen.

4. Die Brühe über die Nudeln gießen. Die Ramen mit Shiitake-Pilzen, Sesamsamen, jeweils 6 Scheiben Chashu, Frühlingszwiebeln, Mais und jeweils einem halben Nitamago-Ei toppen.

Tonkotsu-Shio-Ramen

6 Portionen | leicht | 10 Minuten

Zutaten

2,7 l Tonkotsu-Brühe, fertig vorgekocht (s. S. 32)

520 g Shio-Gewürzpaste (s. S. 40)

600 g Ramen-Nudeln, z.B. selbst gemacht (s. S. 20–24)

Toppings:

3 Nitamago-Eier, halbiert (s. S. 44)

12 Scheiben Chashu (s. S. 52)

240 g Mais

1 Bund Frühlingszwiebeln, in Ringen

1. In einem großen Topf die Brühe mit der Gewürzpaste vermischen und aufkochen lassen. Dann die Hitze reduzieren und die Brühe köcheln lassen, bis alle Zutaten servierbereit sind. Kurz vor dem Servieren die Brühe nochmal aufkochen.

2. Die Nudeln in einem separaten Topf ca. 2–3 Minuten kochen. Nudeln nach der Kochzeit in einem Sieb abtropfen lassen. Die abgetropften Nudeln auf 6 Schüsseln verteilen.

3. Die Brühe über die Nudeln gießen. Die Schüsseln mit jeweils einem halben Nitamago-Ei, 2 Scheiben Chashu, Mais und Frühlingszwiebeln toppen.

Sukiyaki-Ramen

4 Portionen | leicht | 30 Minuten

Zutaten

120 ml Shoyu (japanische Sojasauce)

100 g Zucker

60 ml Mirin

2 EL Sake

1 EL Knoblauch, gehackt

1 TL Ingwer, frisch, geschält, gerieben

1 Möhre, geschält, in Stiften

30 g Daikon (japanischer Rettich), in Stiften, erhältlich im Asia-Laden

75 g rote Paprika, entkernt, in Streifen

35 g Chinakohl, zerkleinert

4 Shiitake-Pilze, in dünnen Scheiben

200 g Tofu, in mundgerechten Würfeln

455 g Rinderfilet, in dünnen Scheiben

Salz und Pfeffer, nach Belieben

1,8 l Rinderbrühe, fertig vorgekocht (s. S. 34)

360 g Miso-Gewürzbasis (s. S. 38)

400 g Ramen-Nudeln, z.B. selbst gemacht (s. S. 20–24)

Toppings:

4 Frühlingszwiebeln, diagonal gehackt

1. Shoyu, Zucker, Mirin, Sake, Knoblauch und Ingwer verrühren.

2. Die Mischung in einer mittelgroßen Pfanne erhitzen. Sobald sie kocht, die Hitze etwas reduzieren und Möhrenstifte, Rettichstifte, Paprikastreifen, Chinakohl und Pilzscheiben hinzufügen. Die Mischung 5 Minuten kochen, dann mit einer Schaumkelle herausnehmen und beiseitestellen.

3. Anschließend den Tofu in der Flüssigkeit 5 Minuten garen. Auch den Tofu mit einer Schaumkelle herausnehmen und beiseitestellen.

4. Das Rindfleisch mit Salz und Pfeffer würzen. Das Rindfleisch wird roh in die Suppe gegeben. Es gart in der heißen Brühe.

Fortsetzung S. 122

Fortsetzung Sukiyaki-Ramen

5. In einem großen Topf die Brühe mit der Gewürzbasis vermischen und aufkochen lassen. Dann die Hitze reduzieren und die Brühe köcheln lassen, bis alle Zutaten servierbereit sind. Kurz vor dem Servieren die Brühe nochmal aufkochen.

6. Die Nudeln in einem separaten Topf ca. 2–3 Minuten kochen. Nudeln nach der Kochzeit in einem Sieb abtropfen lassen. Die abgetropften Nudeln auf 4 Schüsseln verteilen.

7. Die Brühe über die Nudeln gießen. Die Ramen mit 3–4 Stücken Rindfleisch, gegartem Gemüse, Tofu und Frühlingszwiebeln toppen.

Teriyaki-Rindfleisch-Ramen mit Spargel

Teriyaki-Rindfleisch-Ramen mit Spargel

6 Portionen | leicht | 30 Minuten

Zutaten

225 g Rinderfilet, in dünnen Scheiben

225 g grüner Spargel, holzige Enden abgeschnitten

4 EL Shoyu (japanische Sojasauce)

4 EL Zucker

1 EL Ingwer, frisch, geschält, gerieben

½ EL Knoblauch, gehackt

2 TL Sesamöl

2,8 l Rinderbrühe, fertig vorgekocht (s. S. 34)

530 g Miso-Gewürzbasis (s. S. 38)

600 g Ramen-Nudeln, z.B. selbst gemacht (s. S. 20–24)

Toppings:

6 kleine Tomaten, in Achtel geschnitten

3 japanische Omeletts (Tamagoyaki), in Scheiben (s. S. 46)

3 Nori-Blätter, geviertelt

Sesamsamen, geröstet

1. Die Rindfleischscheiben halbieren und jede Spargelstange in ½ Scheibe Rindfleisch einrollen, dabei das Fleisch um den Spargel herumdrücken, so dass der Spargel fest eingerollt ist und die Rolle zusammenhält.

2. In einer kleinen Schüssel Shoyu, Zucker, Ingwer und Knoblauch vermischen.

3. 1 TL Sesamöl in einer großen Pfanne erhitzen. Rinderrouladen zugeben und unter Wenden etwa 5 Minuten braten, bis alle Seiten leicht gebräunt sind. Die Saucenmischung über die Rouladen gießen und die Rouladen in der Sauce schwenken. Herausnehmen und auf einem Teller anrichten, dann die restliche Sauce darüber gießen.

4. In einem großen Topf die Brühe mit der Gewürzbasis vermischen und aufkochen lassen. Dann die Hitze reduzieren und die Brühe köcheln lassen, bis alle Zutaten servierbereit sind. Kurz vor dem Servieren die Brühe nochmal aufkochen.

5. Die Nudeln in einem separaten Topf ca. 2–3 Minuten kochen. Nudeln nach der Kochzeit in einem Sieb abtropfen lassen. Die abgetropften Nudeln auf 6 Schüsseln verteilen.

6. Die Brühe über die Nudeln gießen. Die Ramen mit Rouladen, Tomatenachteln und Omelett-Scheiben toppen. 2 geviertelte Nori-Blätter in die Suppe stecken und mit gerösteten Sesamsamen bestreuen.

Vegetarische Ramen

Kokos-Curry-Ramen

4 Portionen | leicht | 2 Stunden 30 Minuten

Zutaten

Für die Suppe:

2 EL geröstetes Sesamöl

ca. 4 cm Ingwer, frisch, geschält, in langen Streifen

10 Knoblauchzehen, gehackt

2 Zwiebeln, in Streifen

5 EL gelbe oder grüne Currypaste

2 l Gemüsebrühe, fertig vorgekocht (s. S. 30)

960 ml leichte Kokosmilch

2–4 EL Kokosblütenzucker

1 TL Kurkuma, gemahlen

2 EL weiße oder gelbe Miso-Paste

400 g Ramen-Nudeln, z.B. selbst gemacht (s. S. 20–24)

Toppings:

250 g Tofu, in Würfeln

1 EL Speisestärke

1 EL Sesamöl

Salz

4 ganze Portobello-Pilze, in Scheiben geschnitten und gebraten

1 EL Sesamöl

1 Bund Koriander oder Frühlingszwiebeln, gehackt

1 EL Tamari (Sojasauce)

1 TL Ahornsirup

1. Tofuwürfel mit Speisestärke vermengen. Eine beschichtete Pfanne mit 1 EL Sesamöl erhitzen und den Tofu von allen Seiten goldbraun braten. Tofu auf einen Teller geben, salzen und beiseitestellen.

2. 2 EL Sesamöl in einem großen Topf erhitzen. Ingwer, Knoblauch und Zwiebel hinzufügen. Unter gelegentlichem Rühren 5–8 Minuten dünsten. Die Currypaste hinzufügen und unter ständigem Rühren 1–2 Minuten anschwitzen. Mit Brühe und Kokosmilch ablöschen und mit Zucker und Kurkuma würzen. Die Brühe zum Kochen bringen. Dann die Hitze reduzieren und den Topf mit einem Deckel abdecken. Die Brühe 2 Stunden auf niedriger Stufe köcheln lassen, dabei häufig umrühren.

Fortsetzung S. 130

Fortsetzung Kokos-Curry-Ramen

3. Vor dem Servieren die Miso-Paste in eine Schüssel geben und mit einem Schneebesen ½ Tasse Brühe einrühren. Sobald sie sich vollständig aufgelöst hat, zurück in den Topf geben und vom Herd nehmen. Die Brühe in eine Schüssel abseihen, um Zwiebeln, Knoblauch und Ingwer zu entfernen.

4. Die Nudeln in einem separaten Topf ca. 2–3 Minuten kochen. Nudeln nach der Kochzeit in einem Sieb abtropfen lassen.

5. Die Nudeln auf 4 Servierschüsseln verteilen. Die Brühe über die Nudeln gießen und mit Tofu, gebratenen Pilzen, Frühlingszwiebeln oder Koriander, Tamari und Sirup toppen.

豪快立ち寿司
豪快
燗酒あり
豪快 立ち寿司
宝
豪快 立ち寿司
立ち寿司のお得セット
生ビールセット
にぎり五貫
+
生ビール
1,000えん
名物
まぐろづくし
2000
人気NO.1
うにいくら
こぼれ盛り
1,700
その他
新鮮活魚・にぎりあります

PIKANTE TANTANMEN-RAMEN

2 Portionen | leicht | 30 Minuten

Zutaten

4 Shiitake-Pilze, getrocknet
1 EL neutrales Pflanzenöl
1 Zwiebel, in Achteln
2 Knoblauchzehen, gepresst
1 Möhre, geschält, in 2 mm dicken Scheiben
1 l Gemüsebrühe, fertig vorgekocht (s. S. 30)
1 EL Miso-Paste
200 g Ramen-Nudeln, z.B. selbst gemacht (s. S. 20–24)
1 TL Tahini
1 TL Sambal Oelek
1 TL Sesamöl
1 TL Sojasauce
1 Schuss Mandelmilch
Sesam zum Bestreuen

1. Die Shiitake-Pilze 5 Minuten in heißem Wasser einweichen. Anschließend durch ein Sieb abgießen und abtropfen lassen.
2. Öl in einer Pfanne erhitzen. Abgetropfte Shiitake-Pilze, Zwiebeln, Knoblauch und Möhrenscheiben in der Pfanne bei mittlerer Hitze anbraten, bis das Gemüse goldbraun ist.
3. Das Gemüse mit Brühe und Miso-Paste würzen. Die Brühe zum Kochen bringen und anschließend 10 Minuten köcheln lassen.
4. Die Nudeln in einem separaten Topf ca. 2–3 Minuten kochen. Nudeln nach der Kochzeit in einem Sieb abtropfen lassen. Die abgetropften Nudeln auf 2 Schüsseln verteilen.
5. Tahini, Sambal Oelek, Sesamöl und Sojasauce mit einem Schneebesen verrühren. Möhrenscheiben und Pilze aus der Brühe fischen. Die Pilze in Streifen schneiden. Die Tahini-Mischung und die Mandelmilch in die Brühe einrühren.
6. Die Brühe über die Nudeln gießen. Mit Möhren, Pilzstreifen und Sesam toppen.

Miso-Curry-Sojamilch-Ramen

2 Portionen | leicht | 25 Minuten

Zutaten

neutrales Pflanzenöl

250 g Tofu, in Würfeln

3 EL Currypulver + zum Bestäuben

600 ml Sojamilch

1 EL weiße Miso-Paste, erhältlich im gut sortierten Supermarkt oder Asia-Laden

1 Glas Bambussprossen, 175 g Abtropfgewicht

50 g Mungobohnensprossen

20 g Wakame, getrocknet, erhältlich im Asia-Laden oder online

200 g Ramen-Nudeln, z.B. selbst gemacht (s. S. 20–24)

1 EL Butter

1. Öl in einer Pfanne erhitzen. Die Tofuwürfel im heißen Öl knusprig braten. Mit ein wenig Currypulver bestäuben und beiseitestellen.

2. Sojamilch in einen Topf geben und langsam erhitzen. Nicht kochen lassen! Sobald sie warm ist, die Miso-Paste hinzufügen und umrühren, bis die Paste sich auflöst. Dann 3 EL Currypulver hinzufügen und gut umrühren. Das Currypulver dickt die Milch etwas ein.

3. Einen Topf mit Wasser zum Kochen bringen. Bambussprossen und Mungobohnensprossen 2–3 Minuten dünsten. Anschließend herausnehmen und abtropfen lassen. Die Wakame in eine Schüssel geben und heißes Wasser darüber gießen, damit sie weich werden. Die Nudeln in einem weiteren Topf ca. 2–3 Minuten kochen. Nudeln nach der Kochzeit in einem Sieb abtropfen lassen.

4. 1 Kelle Miso-Curry-Sojamilch in die Servierschüsseln geben, die Nudeln in die Schüsseln dazugeben. Dann die restliche Milchmischung über die Nudeln gießen. Die Ramen mit Bambussprossen, Mungobohnensprossen, Wakame, gebratenem Tofu und ½ EL Butter toppen.

RAMEN-NUDELN, MAL ANDERS

Gebratene Ramen-Nudeln mit Rindfleisch

2 Portionen   leicht   25 Minuten, Quellzeit: 10 Minuten

Zutaten

10 g Mu-Err-Pilze, getrocknet

400 g Ramen-Nudeln, z.B. selbst gemacht (s. S. 20–24)

1 EL neutrales Pflanzenöl

2 Knoblauchzehen, gehackt

4 Scheiben Ingwer, frisch, geschält, gehackt

2 Schalotten, fein gehackt

260 g Rinderfilet, in dünnen Streifen

Salz und Pfeffer, nach Belieben

2 Handvoll Chinakohl, in Streifen

2 Handvoll Mungobohnensprossen

2 EL Austernsauce

1. Die Mu-Err-Pilze mit kochendem Wasser übergießen, 10 Minuten quellen lassen und in Streifen schneiden.
2. Die Nudeln in einem separaten Topf ca. 2–3 Minuten kochen. Nudeln nach der Kochzeit in einem Sieb abtropfen lassen.
3. Öl in einer Pfanne erhitzen. Den gehackten Knoblauch und den Ingwer zusammen mit den Schalotten kurz dünsten. Dann die dünnen Rindfleischstreifen dazugeben, ganz kurz anbraten, die Mu-Err-Pilze dazugeben und mit etwas Salz würzen. Danach die Nudeln kurz mit anbraten und dann den Chinakohl, die Mungobohnensprossen, die Austernsauce und 2–3 EL Wasser dazugeben, mit Salz und Pfeffer abschmecken und ganz kurz weiterbraten.
4. Die gebratenen Ramen-Nudeln auf 2 Schüsseln verteilen und servieren.

Japanische Bolognese

2 Portionen leicht 25 Minuten

Utensilien: Wok

Zutaten

neutrales Pflanzenöl zum Braten

1 Bund Frühlingszwiebeln, in Ringen (ein paar für die Deko beiseitelegen)

2 cm Ingwer, frisch, geschält, gehackt

1 Knoblauchzehe, gehackt

400 g Rinderhackfleisch, alternativ Sojahackfleisch

4 EL Miso-Paste

3 EL Sojasauce

100 ml Mirin, alternativ Sherry

2 EL Instant-Dashi-Pulver, erhältlich im Asia-Laden oder online

1 EL Zucker

400 g Ramen-Nudeln, z.B. selbst gemacht (s. S. 20–24)

¼ Salatgurke, entkernt, in 6 cm langen Streifen

2 EL Sesam (weiß und schwarz)

1. Öl in einem Wok erhitzen. Frühlingszwiebeln, Ingwer und Knoblauch 3 Minuten dünsten. Das Hackfleisch hinzufügen und krümelig braten. Nun die Miso-Paste, die Sojasauce, den Mirin, das Dashi-Pulver und den Zucker einrühren und alles etwa 5 Minuten bei niedriger Temperatur köcheln lassen.

2. In der Zwischenzeit die Nudeln in einem separaten Topf ca. 2–3 Minuten kochen. Nudeln nach der Kochzeit in einem Sieb abtropfen lassen.

3. Die Nudeln auf Teller verteilen. Die Hackfleischsauce darüber geben und mit Gurkenstreifen, Frühlingszwiebelringen und Sesam garnieren.

Yakisoba mit Garnelen

4 Portionen | leicht | 25 Minuten

Zutaten

500 g Ramen-Nudeln, z.B. selbst gemacht (s. S. 20–24)

5 EL neutrales Pflanzenöl

200 g Schweine- oder Hühnerfleisch, in 4 cm große Stücke geschnitten

150 g Garnelen, gewaschen, geschält, entdarmt

1 Zwiebel, in Halbringen

ca. 2–4 cm Ingwer, frisch, geschält, gerieben

1 Möhre, geschält, in Streifen

250 g Weißkohl, in Streifen

4 EL Sojasauce

4 EL Sake

6 EL Yakisoba-Sauce, erhältlich im Asia-Laden oder online

10 g Bonitoflocken, erhältlich im Asia-Laden oder online

4 TL Aonori, erhältlich im Asia-Laden oder online

4 EL Mayonnaise

1. Die Nudeln in einem separaten Topf ca. 2–3 Minuten kochen. Nudeln nach der Kochzeit in einem Sieb abtropfen lassen.

2. Nun das Öl in einem Wok oder in einer Pfanne erhitzen und das Fleisch und die Garnelen etwa 3 Minuten anbraten. Dann die Zwiebelringe dazugeben. Sobald die Zwiebelringe glasig sind, den Ingwer und die Möhrenstreifen hinzufügen und unter ständigem Rühren etwa 2 Minuten braten. Zum Schluss den Kohl mit anbraten, bis er weich ist.

3. Nun die abgetropften Nudeln zugeben und weitere 2 Minuten braten. Darauf achten, die Nudeln nicht zu oft zu wenden, sie sollen leicht gebräunt und knusprig werden. Nun die Sojasauce und den Sake hinzugeben und gut vermischen. Zum Schluss die Yakisoba-Sauce zugeben und weitere 4 Minuten köcheln lassen.

4. Sofort auf Tellern anrichten und mit Bonitoflocken, Aonori und Mayonnaise garnieren.